Mosaik

bei GOLDMANN

Buch

Viele Kinder, vor allem Mädchen, lieben Pferde über alles. Ihr größter Traum ist es, zu reiten und ein eigenes Pferd zu haben. Dieses Buch richtet sich an Eltern, die oft ratlos sind und nicht wissen, wie sie mit dem Hobby ihres Kindes umgehen sollen. Es informiert darüber, in welchem Alter ihr Kind mit dem Reiten beginnen kann, welche Reitschule und welches Pferd am besten geeignet, welche Ausrüstung und Kleidung nötig, welche Gefahren und Sicherheitsmaßnahmen zu beachten sind und was man bedenken muss, wenn man ein eigenes Pferd kaufen und halten möchte.

Autorin

Jessica Jahiel, erfolgreiche Autorin und ausgezeichnet mit dem American Riding Instructor Certificate, ist eine ausgezeichnete Expertin zum Thema Reiten und Pferde.

JESSICA JAHIEL

So wird Ihr Kind sattelfest

Ein praktischer Ratgeber rund ums Pferd für Eltern und Kinder

Aus dem Amerikanischen von Eva Kornbichler

Mosaik
bei GOLDMANN

Für alle Eltern,
die keinen Bezug zu Pferden haben
und der unerklärlichen Begeisterung
ihrer Kinder für Pferde
hilflos gegenüberstehen

Umwelthinweis:
Alle bedruckten Materialien dieses Taschenbuches
sind chlorfrei und umweltschonend.

Deutsche Erstausgabe März 2001

Illustrationen: Clara Lawrence
Originaltitel: Horseback Riding
Originalverlag: Lowell House
Umschlaggestaltung: Design Team München
unter Verwendung folgender Fotos:
Umschlag: Mauritius/Gatzen
Umschlaginnenseiten: Mauritius/M. Albrecht
Redaktion: Bettina Trantow
Satz/DTP: Martin Strohkendl
Druck: Elsnerdruck, Berlin
Verlagsnummer: 16320
Kö · Herstellung: Max Widmaier
Made in Germany
ISBN 3-442-16320-X
www.goldmann-verlag.de

1 3 5 7 9 10 8 6 4 2

Inhalt

Einleitung

Es gibt Hunderte – Tausende – von Büchern, die hilfreich sind, um das Reiten zu lernen oder besser reiten zu lernen. Dieses Buch gehört nicht dazu. Es erklärt nicht das Reiten oder welche Arten des Reitens Ihren Kindern Spaß machen könnten – zu diesem Thema gibt es bereits viele gute Bücher. Vielleicht besitzen Ihre Kinder auch schon das eine oder das andere. Dieses Buch aber ist nicht für Ihre Kinder gedacht, sondern für Sie: Es ist ein Führer für Eltern, die womöglich nicht die geringste praktische Erfahrung mit Pferden haben, deren Kinder aber unbedingt reiten lernen wollen und vielleicht einmal eigene Pferde haben möchten.

In dieser Situation können Eltern sich leicht verunsichert und allein gelassen fühlen. Da all Ihre Sorge Ihren Kindern gilt und Ihre Kinder scheinbar nichts anderes im Kopf haben als das Reiten und »ihre« Pferde, auf denen sie unter Anleitung anderer Erwachsener reiten, fühlen Sie sich vielleicht auch ein wenig beiseite geschoben. Beides stimmt aber nicht, denn nur durch Ihre Unterstützung haben Ihre Kinder ja die Möglichkeit, die Welt des Reitens und die Freude daran zu entdecken, und wie wenig sie es vielleicht auch zeigen, wissen sie es doch tief in ihrem Inneren und sind Ihnen dankbar dafür.

Ich hoffe, dass dieses Buch Ihnen dabei helfen kann, einige der weniger bekannten Aspekte der Pferdewelt zu entdecken und zu erkennen, daß Sie mit Ihren Problemen nicht alleine sind. Wenn Sie gute Eltern mit gesundem Menschenverstand sein wollen, ist das hilfreicher, als Sie meinen; und wenn Sie Hilfe oder guten Rat brauchen, finden Sie beides in diesem Buch: praktische Ratschläge, was Kinder, Pferde, Kosten und Sicherheit betrifft, und alle möglichen einschlägigen Tipps und Hinweise, Zeitschriften, Bücher, Adressen und Telefonnummern.

Die Sicherheit und das Glück Ihrer Kinder sind für Sie das Allerwichtigste. Und da Sie nun dieses Buch lesen, scheinen Sie schon angefangen haben zu begreifen, dass für Ihre Kindern eben nun Pferde das Allerwichtigste sind. Das mag sich als Strohfeuer erweisen oder auch als lebenslange Leidenschaft. In jedem Fall müssen Sie sich ausreichend mit Informationen versorgen, um den richtigen Lehrer, den richtigen Stall, das richtige Pferd und die richtige Ausrüstung zu finden, um die Risiken möglichst gering zu halten und zu gewährleisten, dass Ihr Kind in körperlicher, geistiger und seelischer Hinsicht möglichst viel davon profitiert; und natürlich soll das Reiten Ihrem Kind auch Spaß und Freude machen.

Dr. Jessica Jahiel

1

Faszination Pferd

Sie leben auf dem Land und hatten schon immer Pferde – Ihr Kind ist verrückt nach Pferden. Sie leben in einer Wohnsiedlung, besitzen einen Hund oder eine Katze und sehen Pferde höchstens durchs Autofenster auf dem Weg in die Stadt – Ihr Kind ist verrückt nach Pferden. Sie leben in einer Stadtwohnung, Ihr Kind ist noch nie einem Pferd begegnet, und Ihr Vermieter gestattet gerade mal die Haltung von Goldfischen in einem Wasserglas – Ihr Kind ist verrückt nach Pferden. Und Sie werden sich fragen:

Warum ist mein Kind verrückt nach Pferden?

Kinder fühlen sich fast immer zu Pferden hingezogen. Sie lieben Pferde, auch wenn sie gar kein wirkliches Pferd kennen – es wirkt da eine Art magische Anziehungskraft.

Die Liebe zum Pferd

Die Liebe zum Pferd kann Ihr Kind überall entdecken; in einem Ferienlager oder zu Besuch bei einem Freund, der ein Pferd hat, oder nach einer Reitstunde im nächsten Reitstall. Ihr Kind kann sogar Pferde lieben, obwohl es noch nie ein Pferd in natura gesehen hat. Pferde-Poster, Pferdebilder, Pferdezeitschriften, Pferde-Figürchen, Sweaters und T-Shirts mit Pferdebildern sind bei Kindern aller Altersgruppen sehr beliebt.

Wie es anfängt. Wundern Sie sich nicht. Ein harmloser Wandertag mit der Schulklasse ins Grüne, der Anblick eines Reiters im Wald oder am Strand, sogar ein Pferde-Karussell auf dem Rummelplatz kann der Auslöser für eine vorübergehende oder lebenslange Pferdeliebe sein. Hat Ihr Kind einmal die »Pferdesucht« gepackt, gibt es in vielen Fällen keine »Heilung«. Zum Glück ist Heilung auch nicht notwendig, denn der Umgang mit Pferden tut Kindern gut, vorausgesetzt, sie lernen, Pferde richtig zu reiten, korrekt mit ihnen umzugehen und freundlich zu ihnen zu sein. Und da kommen die Eltern ins Spiel. Wenn Sie das Richtige daraus machen, kann die Liebe zum Pferd Ihrem Kind in körperlicher, geistiger und emotionaler Hinsicht nur gut tun.

Was Sie tun können. Wenn Sie nichts über Pferde wissen oder gerade nur eine Vorstellung haben, dass sie groß und teuer sind, dann sollten Sie dieses Buch gründlich lesen, denn auf die eine oder andere Weise werden Pferde in Ihr Leben treten. Unterschätzen Sie nie die Entschlossenheit, Fantasie, Ausdauer und Zähigkeit von Kindern, die sich für Pferde begeistern. Ob nun Reitstunden, Reiterferien oder gar ein eige-

BÜCHER

Erstes Pferdebuch für Kinder
(Robert Owen, Tessloff Verlag)
Für alle Kinder ab 6 Jahren, die Pferde lieben, gerne reiten oder es lernen wollen.

Das pferdebegeisterte Kind findet immer irgendwo Pferde.

nes Pferd, Sie werden mit der Welt des Pferdes konfrontiert, ob Sie wollen oder nicht. Und als Erwachsener wissen Sie, dass es besser ist, sich vorher gut zu informieren, bevor man sich in ein neues Abenteuer stürzt. In Ihrer Verantwortung als Eltern liegt es, Ihre Hausaufgaben auf diesem Gebiet zu machen, und genau das tun Sie gerade.

Ob Ihr Kind gerne reitet, weil ihm die körperliche Betätigung Spaß macht, weil es den Kontakt zu einem anderen Wesen sucht oder weil es von olympischen Ehren träumt, auf alle Fälle ist es intensiv mit einem Lebewesen beschäftigt, und das tut ihm unmittelbar gut. Dazu bedarf es keiner Wettbewerbe und keines großen Ehrgeizes. Reiten ist ein wunderschöner Sport, egal, welche Ziele sich der Einzelne steckt und welche Energie er dabei entwickelt.

***Ist Reiten teuer*?** Ja, aber auch nicht teurer als viele andere Sportarten. Eltern, die regelmäßig Tennis oder Golf spielen, Fitnesstraining oder Tauchkurse mitmachen, wissen, welche finanzielle Belastung fast jeder Sport mit sich bringt.

Sind Pferde gut für Kinder?

Der Kontakt zu Pferden kann das Beste sein, was Ihrem Kind je passiert. Das Reiten und Versorgen von Pferden kommt Kindern in vielerlei Hinsicht zugute. Die körperliche Entwicklung ist nur ein positiver Aspekt. Wie beim Ballett oder bei Kampfsportarten sind auch beim Reiten Balance, Koordination der Bewegungen, Körpergefühl und Körperkontrolle erforderlich. Wie das Schwimmen, Laufen oder das Fahrradfahren fördert das Reiten eine gleichmäßige Entwicklung des ganzen Körpers. Und wie bei allen diesen Disziplinen kommen auch beim Reiten diese Vorteile jedem zugute, der diese Sportarten betreibt, auch wenn er keinen Wettbewerb gewinnt oder noch nicht einmal an einem solchen teilnimmt.

Was bringt das Reiten für die geistige Entwicklung?

Durch die Beschäftigung mit Pferden wird die emotionale und geistige Entwicklung gefördert sowie der Charakter Ihres Kindes geformt. Um ein guter Reiter zu werden, muss Ihr Kind lernen, sich zu beherrschen: Es muss lernen, in allen

Situationen ruhig, geduldig, gelassen, konsequent und freundlich zu sein. Der Umgang mit Pferden lehrt zwei überaus wichtige Fähigkeiten, die für das spätere Leben sehr wichtig sind: Verantwortlichkeit und Zuverlässigkeit.

Verantwortlichkeit lernen. Wenn Kinder lernen, sich um Pferde zu kümmern, lernen sie auch, Verantwortung für das Wohlergehen eines anderen Wesens zu übernehmen, das ganz auf sie angewiesen ist. Reitlehrer in Pony-Clubs haben die langjährige Erfahrung gemacht, dass Kinder, die sich im Club engagierten, später sehr gute Eltern werden; hier lernen und praktizieren sie jahrelang, dass zuerst die Tiere versorgt werden müssen, bevor sie anderen Interessen nachgehen können, dass die Pferde freundlich und verständnisvoll behandelt werden müssen, dass sie richtig gefüttert und medizinisch betreut werden müssen, dass das Pferd in allem auf seinen Besitzer/Reiter angewiesen ist und dass der Reiter in allererster Linie für sein Pferd verantwortlich ist. Dieses Verständnis, diese Fähigkeiten und jahrelangen Gewohnheiten erhalten sich meistens auch im Erwachsenenalter und im Eltern-Dasein.

Wettbewerb kann auch förderlich sein. Im richtigen Rahmen – in dem Verantwortlichkeit gegenüber dem Pferd und sportliche Einstellung an erster Stelle stehen – kann Wettkampf eine gute Sache sein, denn die Kinder lernen dabei, sowohl Siege als auch Niederlagen, Triumphe wie Enttäuschungen mit Anstand hinzunehmen.

Welche Wertvorstellungen haben Sie selbst? Bei Wettbewerben merken Kinder sehr schnell, welche Wertvorstellungen ihre Lehrer und Eltern wirklich haben. Seien Sie also darauf gefasst, dass Ihre Reaktionen beobachtet und zur Kenntnis genommen werden und dass Ihr Kind daraus Schlüsse zieht.

FRAGEN UND ANTWORTEN

F: Mein siebenjähriger Sohn ist unkonzentriert und kindisch, wenn er zu Hause spielt. Im Stall dagegen ist er wie ausgewechselt, ein richtiger »Verantwortungsträger«, der mich plötzlich an seinen Vater erinnert. Was ist das Geheimnis der Pferde, dass Kinder sich durch sie so verändern?

A: Ich glaube nicht, dass Ihr Sohn sich verändert, sondern dass die Pferde lediglich bestehende Anlagen in ihm zum Vorschein bringen. Reiten ist sehr reizvoll für Kinder, weil es alle ihre Sinne beansprucht. Das Pferd reagiert auf sie, und sie reagieren auf das Pferd – der Umgang mit dem Pferd fordert ihre Konzentration.

Dieser Sport hat einen weiteren Reiz: Dem Kind wird das Pferd vorübergehend in Obhut gegeben, und für das Kind ist es sehr aufregend, ein solch großes Tier in Eigenregie zu bewegen und zu lenken. Ihr Sohn sagt dem Pferd, dass es hierhin oder dorthin gehen, schneller oder langsamer werden oder anhalten soll – und das Pferd gehorcht. Erwachsene können sich manchmal nur schwer daran erinnern, wie man sich als Kind fühlte – meist denken wir an Freiheit und Spaß. Aber es gab auch eine große Schattenseite: Man war von jemand anderem abhängig, der alles bestimmte. Auf dem Pferderücken erhält das Kind zwar Anweisungen vom Lehrer, ist aber in diesem Augenblick selbst Herr über 500 kg Pferd. Dieses Gefühl erlebt es weder zu Hause noch in der Schule.

F: Ich mache mir um meinen zwölfjährigen Sohn Sorgen. Er geht seit fast drei Jahren zum Reitunterricht, und bis jetzt hat es ihm viel Spaß gemacht. Seit einiger Zeit fällt mir aber auf, dass er nicht mehr viel Zeit im Stall verbringt; wenn ich ihn zur Reitstunde bringe, kommt er gleich wieder heraus, dabei habe ich bisher immer noch eine halbe Stunde gewartet und musste ihn dann im Stall suchen gehen.

Es ist ein sehr schöner Stall, und die Reitlehrerin ist sehr fähig, vor allem im Umgang mit Kindern. Deswegen habe ich bisher nichts zu ihr gesagt, weil ich nicht wollte, dass sie sich kritisiert fühlt. In den letzten Wochen ist mein Sohn dann gar nicht mehr zum Reiten gegangen. Entweder wegen zu vieler Hausaufgaben oder wegen Bauchweh. Heute sagte er, der Unterricht sei langweilig, aber ich weiß, dass das nicht stimmt.

In seiner Reitstunde sind sie zu fünft, die anderen vier sind Mädchen. Das hat ihn vorher nie gestört, aber jetzt scheint es ihm viel auszumachen. Vielleicht sollte ich doch einmal mit der Reitlehrerin sprechen, wenn es nicht besser wird. Es tut mir sehr Leid darum, denn mein Sohn ist noch sehr jung und klein für sein Alter, und das Reiten war sehr gut für ihn, besser als Fußball oder Handball.

A: Ihr Sohn ist zwölf, klein und schmächtig, steht offensichtlich noch vor der Pubertät und nimmt Reitunterricht zusammen mit lauter Mädchen seines Alters. Für Jungens ist das aus mehreren Gründen problematisch. Falls Sie das tröstet, kann ich Ihnen versichern, dass viele Jugendliche, die als Kinder sehr gerne geritten sind, diesen Sport mit zwölf oder dreizehn Jahren aufgeben, später aber wieder auf ihn zurückkommen.

Mädchen und Jungen haben unterschiedliche Entwicklungsphasen, und die Mädchen sind zwar in seinem Alter, aber wahrscheinlich größer, stärker und bessere Reiter als er. Einem Jungen fällt es schwer, das hinzunehmen, denn er hört ja von allen Seiten immer, dass Jungen größer, stärker und schneller sein müssen als Mädchen.

Ein Kind, das vor der Reitstunde sagt, es habe Bauchweh, will nicht in die Reitstunde gehen. Sprechen Sie mit seiner Reitlehrerin, ob es nicht besser wäre, ihn eine Weile aus dem Unterricht zu nehmen. Der Lehrerin ist dieses Problem sicher auch nicht neu.

In wenigen Jahren ist ihr Sohn körperlich reif, und wenn er sich dann noch fürs Reiten interessiert, wird er sicherlich wieder damit anfangen. Wenn nicht, drängen Sie ihn nicht. Vielleicht entwickelt er andere Interessen, auch an Sportarten, die ihn früher nicht so reizten wie das Reiten.

2

Reitstunden für Ihre Kinder

Wenn Ihr Kind Pferde liebt, eine gewisse Größe, genügend Balance und Lernbereitschaft besitzt und sich auch lang genug konzentrieren kann, um eine Reitstunde durchzuhalten, dann können Sie anfangen, nach einem geeigneten Reitlehrer zu suchen.

Fangen Sie nicht zu früh an

Jeder hat schon von Superreitern gehört, die »mit drei auf dem Pferd saßen« oder »schon Pferde ritten, bevor sie gehen konnten« – seien Sie da vorsichtig. In diesem Alter können Kinder noch nicht sicher auf einem Pony die Balance halten, außer man hält sie fest. Korbsättel für Babys und Reiten für Kleinstkinder an der Führleine haben mehr mit dem Ego der Eltern zu tun als damit, dass die Kinder Spaß an Pferden und am Reiten hätten.

Wann soll man anfangen?

Auf die Frage »Wie alt sollte mein Kind sein?« lautet die Antwort, dass zwar das Alter wichtig ist, dass aber andere Faktoren wie Balance, Koordination, körperliche und geistige Entwicklung entscheidender sind. Ein achtjähriges Kind, das für sein Alter klein ist und Koordinationsschwierigkeiten hat, sollte ebenso wenig mit dem Reiten beginnen wie ein vierjähriger Frühentwickler.

Es gibt immer wieder Kinder, die schon mit fünf Jahren oder früher mit Reitunterricht anfangen, aber das ist für den Lehrer mühsam und verschafft dem Kind später keinen Vorteil. Oft sind die Frühstarter mit neun auf dem gleichen Stand wie andere, die mit sieben oder acht Jahren begonnen haben.

Wenn Sie die Körperproportionen von Babys, Kindern und Erwachsenen betrachten, bemerken Sie, dass der Kopf der Kleinen relativ groß ist und der Körper diesen Vorsprung erst viele Jahre später aufholt. Diese an sich ganz normale Entwicklung bedeutet einiges für das Reiten.

Kleinkinder haben noch viel weniger Kraft und Koordination als etwas größere; außerdem sind sie kopflastig. Ein Erwachsener merkt, dass er beim Reiten leicht ins Rutschen kommt und die Balance verliert, wenn er zur einen oder anderen Seite hinuntersieht. Macht das Pferd in diesem Augenblick eine unerwartete Bewegung, kann es leicht passieren, dass er herunterfällt.

Schaut ein Kleinkind nach unten, fällt es fast todsicher herunter, da es meist über seine Kraft geht, auf einem sich bewegenden Pferd seinen kleinen Körper unter dem schweren, nicht ausbalancierten Kopf ins Gleichgewicht zu bringen. Hinzu kommt, dass es schwierig ist, Sturzhelme zu finden, die einem solch kleinen Kind mit geringem Kopfumfang und einem sehr kleinen Kinn passen, und das Ergebnis ist dabei meist nicht der Frühstart eines guten Reiters, sondern ein Unfall.

Nicht nur Balance und Körperproportionen benötigen einige Jahre, um sich ausreichend zu entwickeln, bevor ein Kind mit Reitstunden beginnen sollte, sondern es müssen auch andere Aspekte berücksichtigt werden: die Zeitspanne seiner Aufmerksamkeit, die Energie, die das Kind aufbringt, seine Körperkraft und die Koordination der Bewegungen. Neben den körperlichen Aspekten gibt es emotionale und geistige, die sich ebenfalls auf die Sicherheit und das Wohlbefinden des Kindes auswirken, z. B. der Grad der emotionalen Sicherheit, die Fähigkeit, abstrakte Gedanken zu begreifen, und der Sprachschatz.

Was ist altersgerechter Reitunterricht?

Die Unterrichtsstunden sollten, vor allem zu Anfang, nicht gleich eine ganze Stunde im Sattel bedeuten. Dabei sollte für kleinere Kinder die Zeit im Sattel noch kürzer sein als für die etwas größeren. Für Fünf-, Sechs- und Siebenjährige ist es gut, wenn sie einfach Zeit mit Pferden verbringen; sie können auch in einem altersgerechten Unterricht »am Pferd« schon viel lernen, und gelegentliche »Spazierritte«, bei denen ein Erwachsener das Pferd oder Pony führt, können nicht schaden und machen Spaß.

Die ersten Schritte. Der erste Reitunterricht für Acht- bis Zehnjährige sollte kurz sein und auf kleinen, braven, kinderlieben Pferden oder Ponys stattfinden. Der Reitlehrer muss die Kinder ständig beaufsichtigen. Sinnvoll sind kleine Gruppen mit maximal vier Kindern. Übungen im Stand lassen sich kombinieren mit Übungen in der Bewegung. Vor allem ist darauf zu achten, daß das Kind ausgiebig Zeit hat zu lernen, wie man mit einem Pferd umgeht, es putzt, führt und seine Hufe reinigt. Mit den Körperteilen des Pferdes sollte es ebenso vertraut gemacht werden wie mit Sattel- und Zaumzeug in seinen Einzelteilen.

Die Körperteile des Pferdes lernen.

Zäumen und Satteln. Wundern Sie sich nicht, wenn Ihr Kind erst ein gewisses Alter und eine gewisse Größe erreichen muss, bis es selbst ein Pferd satteln darf. Manche Lehrer halten ihre Schüler dazu an, von Anfang an selbst für das Satteln und Zäumen verantwortlich zu sein, andere tun das in den ersten Wochen lieber selbst und lassen die Schüler zusehen, damit Sattel und Zaum ruhig und korrekt »an das Pferd gebracht« werden.

Sobald die Schüler wissen, worauf es ankommt, beginnen sie, unter Aufsicht des Lehrers selbst zu satteln, und wenn sie es sicher beherrschen, dann dürfen sie es fortan auch selbstständig tun. Dadurch lassen sich Probleme vermeiden, die man leider noch in allzu vielen Ställen beobachten kann: Pferde, die kopfscheu geworden sind, nachdem sie von zu vielen ungeschickten Reitschülern unter Gewaltanwendung aufgezäumt wurden, und Pferde, die Sattelzwang oder wunde Stellen von rücksichtslos angezogenen Gurten oder falsch liegenden Sätteln bekommen.

In solchen Dingen sind Pferd und Reitschüler sehr auf einen konsequenten Reitlehrer angewiesen. Ein Pferd, dem ein schlecht sitzender oder falsch liegender Sattel oder Zaum Schmerzen bereitet, ist natürlich viel weniger sicher als ein Pferd, dem die Ausrüstung passt.

Pferdepflege. Reitschüler können Pferdepflege in ihrem Reitstall vom ersten Tag an lernen, auch wenn sie noch Kinder sind und die Pflege darin besteht, unter Aufsicht des Lehrers mit einer Bürste über das Fell eines kleinen Ponys zu fahren. Es ist gut, wenn Ihr Kind zunächst einmal eine Zeit lang das Pferd nur putzt und dann zusieht, wie der Lehrer es zäumt und sattelt; dabei entwickelt es leichter das richtige Verhältnis zu Pferden und die Fähigkeit zum richtigen Umgang mit ihnen.

Wie fangen wir an?

Hören Sie sich um, ob es in Ihrer Nähe einen Ponyhof oder eine Reitschule mit Unterricht für Kinder gibt. Vor allem auf Ponyhöfen, auf denen die Kinder auch Ferien verbringen können, lernen sie neben dem Reiten alles über den Umgang und die Pflege von Pferden, ohne dass sie ein eigenes besitzen müssen. Meistens bekommt jedes Kind dort »sein« Pony, das es unter Anleitung füttert, pflegt und reitet, mit dem es schmusen kann und dessen Sattel- und Zaumzeug es ebenfalls unter Anleitung in allen Einzelteilen kennen und pflegen lernt. Auf diese Weise erwirbt es die Gewohnheit, das Tier und alles Zubehör ordentlich und zuverlässig zu behandeln.

Pferde und behinderte Kinder

Wenn Sie ein behindertes Kind haben, das Pferde liebt, dann haben Sie Glück im Unglück, denn Reiten ist eine ausgezeichnete Übung für die körperliche Entwicklung behinderter Kinder. Selbst Kindern, die nur passiv auf einem im Schritt gehenden Pferd sitzen können, tut das sehr gut.

Die Bewegungen, die das schreitende Pferd dem Körper des Reiters übermittelt, ähneln den Gehbewegungen des Menschen. Die Gelenke und Muskeln Ihres Kindes werden in gleicher Weise stimuliert, als würde Ihr Kind ohne Hilfe laufen. Die hohe Position, die freie Bewegung, die Möglichkeit, für eine Weile Beine zu besitzen, die perfekt funktionieren – all das stärkt Körper und Geist des behinderten Kindes. Und ein Pferd kann ein guter Freund und Vertrauter sein, der die Geheimnisse eines Kindes niemals verrät.

QUELLEN

Für behinderte Reiter
Deutsches Kuratorium für therapeutisches Reiten
Freiherr-von-Langen-Str. 13
48231 Warendorf
Auf schriftliche Anfrage mit beigelegtem großen frankierten Umschlag (3 DM) bekommt man Auskunft über geprüfte Lehrer für therapeutisches Reiten in ganz Deutschland.

Das Heilpädagogische Voltigieren und Reiten mit geistig behinderten Menschen
In langjähriger Praxis entwickelte Modelle zeigen, wie außergewöhnlich hilfreich die Wirkung der Arbeit mit dem Pferd als Medium der heilpädagogischen Förderung für die so genannten »geistig Behinderten« sein kann. (Wilhelm Kaun, FN-Verlag)

Therapeutisches Reiten, Freizeitreiten und heilgymnastisches Voltigieren können ein behindertes Kind enorm fördern.

Und wenn die Behinderung nicht körperlich ist? Es hängt sehr stark von den Fähigkeiten des Lehrers ab, wie hilfreich die Erfahrung für das Kind ist, aber das gilt eigentlich für alle Kinder, die reiten lernen. Für Kinder, die Probleme mit dem Lernen haben, körperlich aber kräftig und geschickt sind, ist das Reiten eine Kunst, die sie gut lernen können und die ihnen damit Selbstbewusstsein schenkt. Unterschätzen Sie Ihr Kind nicht: An Pferden und am Reiten finden die meisten Menschen Freude, egal wie ihre körperlichen oder geistigen Fähigkeiten beschaffen sind. Und es gibt Reitställe, in denen speziell therapeutisches Reiten und Behinderten-Reiten angeboten wird.

FRAGEN UND ANTWORTEN

F: Meine Tochter möchte springreiten lernen, aber das scheint mir zu gefährlich. Besteht im Springunterricht nicht eine viel größere Gefahr, sich zu verletzen?

A: Eigentlich nicht. Wenn Sie einen guten Lehrer finden, der sie nicht überfordert, kann sie ihr Selbstvertrauen und ihr Können gemeinsam mit ihren körperlichen Fähigkeiten entwickeln, und dann ist das Springen ein weiterer Aspekt am Reiten, der Spaß macht.

Untersuchungen der amerikanischen reitmedizinischen Vereinigung und anderer Gruppen haben ergeben, dass die meisten Reitunfälle und Verletzungen *nicht* beim Springen, sondern beim normalen Reiten, und da auch nicht im Galopp, sondern im Schritt oder im Stehen passieren.

Die einzige Möglichkeit, sicherzugehen, dass Ihre Tochter sich niemals bei einem Sturz vom Pferd verletzt, hieße, sie immer von Pferden fern zu halten – und das ist keine Alternative. Lassen Sie sie lieber Reitunterricht, auch mit Springstunden, bei einem guten Lehrer nehmen, der seine Schüler nicht überfordert und Ihrer Tochter nicht nur beibringt, gut zu reiten, sondern auch auf Sicherheit zu achten.

F: Wir haben unserer Tochter ein Pferd geschenkt, und jetzt hat sie nichts anderes mehr im Sinn. Zu Hause ist sie ungezogen und flegelhaft, und es ist ihr egal, wenn ich ihr das Taschengeld streiche. Es wäre ihr nicht egal, wenn sie zu Hause bleiben müsste und nicht mehr in den Stall dürfte, aber sie weiß, dass ich das nicht tun würde. Schließlich muss das Pferd regelmäßig gepflegt und geritten werden, und deswegen fahre ich sie jeden Tag zum Stall, auch wenn sie mich noch so wütend macht. Ich überlege, ob ich ihr die Reitstunden verbieten soll, wenn sie besonders ungezogen war, denn das wäre eine Strafe für sie und nicht für das Pferd. Was halten Sie davon?

A: Ich halte wenig davon. Wenn es um ein Auto ginge, würden Sie ihr die Erlaubnis zum Fahren entziehen oder ihre Fahrstunden? Sie braucht diesen Unterricht – und für das Pferd ist es auch wichtig, dass sie Unterricht nimmt. Je besser sie reiten lernt, desto besser ist es für das Pferd.

Wenn Sie Ihre Tochter wirklich bestrafen wollen, indem Sie ihr etwas verbieten, was mit Pferden zu tun hat, verbieten Sie ihr nicht den Unterricht, sondern lassen Sie sie nicht mehr in den Stall zu ihrem Pferd. Verwenden Sie ihr Taschengeld, um jemanden im Stall dafür zu bezahlen, dass er das Pferd bewegt und die Box ausmistet. Auf diese Weise leidet das Pferd nicht darunter, und Sie zeigen Ihrer Tochter, dass sie Sie nicht einfach ignorieren kann.

Vielleicht wäre auch eine Beratung angesagt, denn das Verhalten Ihrer Tochter scheint etwas über das von normalen Kindern, die einen schlechten Tag haben, hinauszugehen; und wenn Ihre Tochter irgendwo ein Problem hat, sollten Sie so bald wie möglich etwas dagegen tun.

F: Mein Sohn leidet an zerebraler Kinderlähmung und braucht besondere Betreuung. Ich erinnere mich noch, wie viel Spaß mir das Reiten machte, als ich klein war, und ich wünsche mir für ihn das Gleiche, aber ich bin mir nicht sicher, ob er das schafft, und ich möchte es ihm nicht in den Kopf setzen, wenn er daran scheitern kann. Er freut sich immer sehr, wenn er ein Pferd sieht, deswegen glaube ich, er würde gerne reiten, wenn er es nur könnte.

A: Finden Sie heraus, ob es in Ihrer Nähe einen Reitstall gibt, in dem therapeutisches Reiten angeboten wird. Sie sollten nicht selbst versuchen, Ihren Sohn mit Ihrer Hilfestellung reiten zu lassen, denn das könnte für Sie zu schwierig und zu gefährlich für Ihr Kind sein, aber für speziell ausgebildete Reittherapeuten mit geeigneten Pferden gehört das zur täglichen Arbeit. Ein »Scheitern« gibt es da nicht. Finden Sie die nächstgelegene Möglichkeit zum therapeutischen Reiten heraus und starten Sie einen Versuch.

F: Meine neun Jahre alte Enkelin liebt Pferde und ich denke daran, ihr als Überraschung zu ihrem Geburtstag eines zu schenken. Ich könnte auch die Haltungskosten übernehmen, falls ihre Eltern dazu nicht bereit sind. Trotzdem bin ich mir nicht sicher, ob das der richtige Weg ist. Haben Sie einen Rat für mich?

A: Tun Sie es nicht! Zumindest nicht als Überraschung. Das Kind dürfen Sie ruhig überraschen, nicht aber die Eltern, sonst könnten Sie damit einen größeren Familienkrach heraufbeschwören. Die Eltern müssen von Anfang an Bescheid wissen und einverstanden sein, auch wenn das Pferd ein Geschenk von Ihnen ist und wenn Sie die Haltung bezahlen.

Ich habe einen besseren Vorschlag: Sprechen Sie mit den Eltern und sagen sie ihnen, dass Sie Ihrer Enkelin gerne Reitstunden bei einem ausgebildeten Lehrer zum Geburtstag schenken würden. Ein Jahr lang Reitstunden und dazu die notwendige Reitkleidung wäre ein viel geeigneteres Geschenk als gleich ein eigenes Pferd.

Bedenken Sie Folgendes: Viele Kinder »lieben« Pferde, aber das Reiten macht ihnen dann doch nicht so viel Spaß. Manche reiten gerne, aber die Arbeit und der Zeitaufwand, sich um ein eigenes Pferd zu kümmern, ist ihnen zu viel. Ihre Enkelin ist noch klein, und solange sie noch nicht einmal reiten gelernt hat, können weder sie noch ihre Eltern noch Sie selbst wissen, ob sie das wirklich will.

Schenken Sie ihr die Reitstunden – damit machen Sie ihr ein sehr sinnvolles Geschenk. Und wenn es sich herausstellt, dass sie eine gute Reiterin und »Pferdefrau« wird, die ein eigenes Pferd wirklich will und auch verdient, dann können Sie ihr immer noch zu einem der nächsten Geburtstage eines schenken. Ich verstehe ja, dass Sie ihr diese Freude am liebsten gleich machen würden, aber in ein oder zwei Jahren wird sie es sicherlich mehr zu schätzen wissen, also haben Sie Geduld und erfreuen Sie sich in der Zwischenzeit daran, welchen Spaß und welche Fortschritte ihr die Reitstunden bringen.

F: Ich habe mir zwei Reitschulen in meiner Nähe angesehen und weiß nicht, für welche ich mich entscheiden soll. Ich tendiere zu der ersten, denn dort kommt mir die Reitlehrerin professioneller vor. Sie konnte mir Auskunft geben, wann meine Kinder so weit wären, dass sie galoppieren und springen könnten. Der andere Stall ist auch sehr schön, aber die Reitlehrerin wollte mir nicht sagen, wie weit meine Kinder in zwei, vier und sechs Monaten kommen könnten. Sie sagte nur: »Die meisten unserer Schüler lernen bis zum Ende des ersten Jahres galoppieren und kleine Hürden springen.« Heißt das nicht, dass die erste Reitschule besser ist? Die Kinder scheinen dort auf alle Fälle schneller zu lernen.

A: Wenn alles andere (Zustand des Stalles, der Pferde, des Zaumzeugs) gleich gut ist, würde ich die zweite Reitschule wählen. »Wie lange braucht mein Kind, um galoppieren zu lernen?« ist eine Frage, die man nicht definitiv beantworten kann. Reiten lernen ist ein Prozess, in dem man körperliche und geistige Fähigkeiten erwirbt, und die Kinder unterscheiden sich in ihren Voraussetzungen, Interessen und in der Geschwindigkeit, mit der sie die verschiedenen Fähigkeiten und Fertigkeiten lernen und Neues verdauen. Wenn Sie zwei Kinder haben, werden Sie feststellen, dass selbst im gleichen Reitstall und mit dem gleichen Lehrer das eine manches schneller lernt als das andere. Es gibt da einfach individuelle Unterschiede, und der ideale Reitlehrer sorgt dafür, dass jedes Kind erst zum nächsten Lernschritt übergeht, wenn es den alten bewältigt hat.

Es ist weder realistisch noch professionell noch verantwortungsvoll, wenn ein Reitlehrer verspricht, dass ein Schüler in fünf Wochen galoppieren oder in fünf Monaten springen kann. Ein starkes, geschicktes Kind mit guter Bewegungskoordination kann vielleicht wirklich in fünf Wochen oder noch früher galoppieren. Ein schüchternes Kind mit weniger guter Koordination beherrscht vielleicht nach acht oder zehn Wochen gerade den englischen Trab.

Verschiedene Kinder brauchen unterschiedlich lange Zeit, um bestimmte Fertigkeiten oder Kombinationen von Fertigkeiten zu erwerben. Es wäre falsch, ein Kind nicht galoppieren zu lassen, wenn es schon nach vier Wochen so weit ist; aber noch schlimmer wäre es, Kinder, die länger brauchen, zu etwas zu drängen, wozu sie momentan noch nicht in der Lage sind, nur um die Erwartungen der Eltern zu erfüllen oder um einen festen Lehrplan einzuhalten.

Ein anderer Punkt ist die Abwägung von Einzelunterricht gegen Gruppenunterricht. Für das Kind ist es das Beste, wenn es in den ersten Stunden Einzelunterricht bekommt; zu Anfang braucht jeder Anfänger die ungeteilte Aufmerksamkeit des Lehrers. Gruppenunterricht ist sehr gut für Kinder, die schon eine gute Grundlage an Fähigkeiten erworben haben; sie können dann auch lernen, indem sie sich gegenseitig beobachten. Gruppenunterricht ist für den Lehrer einträglicher, deswegen werden Sie vielleicht länger suchen und auch mehr bezahlen müssen, um Einzelunterricht für Ihr Kind zu bekommen, aber gerade für das erste Jahr (mindestens) ist es das wert.

3

Den richtigen Reitstall finden

Wenn Ihr Kind reiten lernen soll, empfiehlt es sich, mehrere Reitställe zu besuchen, miteinander zu vergleichen und auf ihre Eignung zu prüfen. Überlassen Sie die Entscheidung nicht Ihrem Kind, in welchen Stall es gehen will; Kinder möchten oft dorthin, wo auch ihre Freunde reiten; und kleine Pferdenarren möchten in den erstbesten Stall, in dem es große Pferde gibt.

Nein, Sie müssen schon selbst den richtigen Stall finden. Dazu ist ein wenig Recherche nötig und eine Portion gesunder Menschenverstand.

Ist dies der richtige Stall?

Ihr Kind will einfach nur PFERDE. Sie wollen, genau in dieser Reihenfolge: Sicherheit für Ihr Kind, eine gute Reitausbildung, einen Stall in günstiger Lage, damit Sie Ihr Kind bei jedem Wetter und allen Verkehrsbedingungen problemlos zu den vereinbarten Reitstunden bringen können. Das Letztere ist am einfachsten festzustellen: Wie bei Wohnungen gelten auch bei Reitställen meist drei Kriterien: die Lage, die Lage und die Lage.

Eine günstige Lage – und was sonst noch?

Natürlich ist es angenehm und von Vorteil, wenn der Stall nahe gelegen ist, aber wichtiger noch ist die Qualität des Stalles. Er muss nicht »schick« sein, aber er muss »sicher, sauber, gut organisiert und professionell« sein, und nach diesen Eigenschaften sollten Sie Ausschau halten. Sehen Sie dabei hinter die Fassade und lassen Sie sich nicht von Türen aus Edelholz oder Namensschildern aus Messing beeindrucken. Prüfen Sie, ob der Stall sauber und in Ordnung gehalten ist, ob die Pferde gesund und zufrieden wirken (nicht unbedingt schön) und nicht schlapp und überanstrengt sind. Prüfen Sie, ob alles in der Sattelkammer sauber und gepflegt ist, ob auch einfache Trensen vorhanden sind.

Der beste Reitstall ist nicht unbedingt der teuerste, erfolgreichste oder profitabelste; was Sie brauchen, ist ein guter Umgang mit den Pferden, ein guter Unterricht und gute reiterliche Fortschritte, und das hängt sehr von der Einstellung und dem Können des Verwalters, des Reitlehrers und des Personals ab. Diese Dinge sind wichtiger als eine günstige Lage; der Ihnen am nächsten gelegene Stall mag am bequemsten sein, aber Sie müssen auch die Sicherheit haben, dass Ihr Kind in den Unterrichtsstunden und danach gut aufgehoben ist, falls Sie sich beim Abholen verspäten.

Sehen Sie sich mehrere Reitställe an, beobachten Sie, hören Sie zu, stellen Sie Fragen. Besuchen Sie ein paar kleine lokale Turniere oder sonstige Veranstaltungen und halten Sie Augen und Ohren offen. Wenn Sie sehen, dass Pferde und Reiter eines Stalles besser, ruhiger und sicherer wirken als die von anderen Ställen, besuchen Sie diesen Stall und sehen Sie bei ein paar Unterrichtsstunden zu. Wenn Sie ein gutes Gefühl dabei haben, Ihr Kind dorthin zu schicken, dann machen Sie den Versuch.

Natürlich tut man sich als erfahrener Reiter und »Pferdemensch« leichter, aber auch wenn Sie das nicht sind, sind Sie nicht jedem Schwätzer mit einem Stall voller lahmer Schulpferde hilflos ausgeliefert. Sie können etwas allgemeine Literatur über Pferde und Pferdepflege lesen, und Sie können mit Menschen sprechen, denen Sie vertrauen. Fragen Sie und lernen Sie, worauf es ankommt, und halten Sie immer die Augen offen.

Worauf sollte ich sonst noch achten?

Inspizieren Sie die Stallungen, ob sie sauber und gut organisiert sind, sehen Sie beim Unterricht zu, achten Sie auf den Zustand und die Qualität der Schulpferde und des Sattel- und Zaumzeugs. Beobachten Sie, wie die Schüler mit den Pferden umgehen, und achten Sie darauf, wie der Lehrer darauf reagiert – das zeigt Ihnen sehr schnell, welche Philosophie und Einstellung der Lehrer hat.

Wenn Sie bei einem Besuch ein ungutes Gefühl haben, was die Örtlichkeiten, den Lehrer, die Schüler betrifft, sehen Sie sich lieber nach einem anderen Stall um. Vertrauen Sie ruhig Ihrem Gefühl und Ihrem gesunden Menschenverstand.

Sie müssen ja auch nicht Französisch sprechen können, um zu beurteilen, ob Ihr Kind im Französischunterricht Fortschritte macht und Selbstvertrauen gewinnt, um einen klaren Eindruck von der Güte des Lehrers zu bekommen. Wenn Ihr Kind und die anderen Schüler gut gelaunt, fröhlich, interessiert sind, sich Mühe geben und mit der Sprache gut zurecht kommen, können Sie davon ausgehen, dass der Lehrer gut ist.

Schulpferde sollten gesund und ruhig wirken und einfaches, gut sitzendes Zaumzeug haben.

Wenn die Schüler ängstlich, aggressiv oder gelangweilt sind und nicht in der Lage, sich mitzuteilen, können Sie davon ausgehen, dass der Lehrer schlecht ist. Das Gleiche gilt auch für den Reitunterricht. Sie müssen nicht unbedingt etwas von Reiten oder von Pferden verstehen – Sie können das Verhalten, das Auftreten, die Aktivitäten und das Interesse der Kinder beurteilen und die richtigen Schlüsse daraus ziehen.

Ich habe den richtigen Stall gefunden – was jetzt?

Sprechen Sie mit dem Verwalter, mit dem Reitlehrer und wenn möglich mit den Pferdepflegern, denn Sie wollen doch mit allen auf gutem Fuße stehen. Fragen Sie auch nach Unfall- und sonstigen Versicherungen des Reitstalls. In jedem guten Betrieb wird der Verwalter diese Dinge gerne mit Ihnen klären.

Austausch von Informationen

Klären Sie, wie es mit der Aufsicht während und außerhalb der Reitstunden bestellt ist, wie sich die Mannschaft zusammensetzt, welche Öffnungszeiten eingerichtet sind und welche Notfallmaßnahmen ergriffen werden.

Informationen, die Sie geben. Ein gut geführter Betrieb wird gewisse Daten von Ihnen (Adresse, Telefonnummer usw.) haben wollen, um Sie jederzeit und vor allem in einem Notfall erreichen zu können.

Machen Sie auch Angaben über Ihr Kind, gegebenenfalls auch über vorhandene Allergien oder Medikamentunverträglichkeiten.

Informationen, die Sie mitnehmen. Lassen Sie sich alles vorhandene Informationsmaterial geben, vor allem eine Kopie der Stallregeln, die Sie dann zu Hause gemeinsam mit Ihrem Kind durchgehen sollten, denn Sie müssen beide Bescheid wissen.

BÜCHER

Rechtskunde für Reiter und Pferdehalter
(Reinhard Hahn, Jakob Höhn, Kosmos Verlag)
Umfassender Überblick über alle Rechtsfragen der Pferdehaltung und Reiterei. Ein Buch, für Laien geschrieben, das über Pferdekauf und -verkauf, Haftungsfragen, Probleme bei der Unterbringung, beim Transport, Reitpartnerschaft, Versicherungsfragen, Vereinsrecht, Reiten in Wald, Feld und Straßenverkehr, Leistungsprüfungsordnung und vieles mehr informiert. Es enthält auch Fallbeispiele und Vertragsmuster für alle sich bei der Pferdehaltung ergebenden Möglichkeiten.

Gehen Sie sicher, dass Sie die Regeln verstehen. Wenden Sie sich an den Verwalter, wenn Sie nach dem Durchlesen der Stallregeln noch Fragen haben. Sie müssen vor allem folgende Punkte klären, die *Sie* betreffen: Dürfen oder sollen Eltern beim Unterricht zusehen? Wie lange vor der Unterrichtsstunde können Sie Ihr Kind im Reitstall abliefern, und bis wann müssen Sie es nach dem Unterricht wieder abholen?

Fragen Sie nach den Zeiten fürs Abliefern und Abholen. Kinder lieben es, vorher und hinterher noch zusätzliche Zeit mit den Pferden und mit den anderen Kindern zu verbringen, aber nicht alle Ställe sehen es gerne, wenn die Reitschüler allzu früh kommen und spät gehen. Manche Betriebe wollen, dass sie kommen, ihre Stunden nehmen und wieder gehen; Sie müssen sich also erkundigen, was in »Ihrem« Stall üblich ist, denn ein Reitstall ist kein Kinderhort und sollte auch nicht als solcher missbraucht werden.

Entwickeln Sie die richtige praktische Einstellung. Wenn Sie als Eltern Ihr Kind an ein neues Interesse heranführen, müssen Sie den richtigen Mittelweg zwischen Beobachten und Eingreifen finden. Zu Anfang sollten Sie so oft wie möglich selbst dabei sein; überantworten Sie nicht einfach die Sicherheit und reiterliche Ausbildung Ihres Kindes jemand anderem, um Ihrer eigenen Wege zu gehen. Sie sollten seinen neuen Aktivitäten Aufmerksamkeit schenken und auf Tuchfühlung bleiben.

Fragen Sie bei Ihrem Kind nach. Kinder sind meist nicht besonders mitteilsam, wenn es um Dinge geht, die sie lernen. Ob Sie nun fragen: »Wie war's beim Reiten?« oder: »Wie war's in der Schule?«, die Antwort ist meist ein lapidares »schön« oder »ganz gut«, was Sie auch nicht schlauer macht. Was die Reitstunden betrifft, kann dort viel geschehen, was Ihrem Kind wehtut, ohne dass Sie es wissen. Guter Unterricht ist von unschätzbarem Wert – schlechter Unterricht ist schlimmer als nutzlos und kann Ihrem Kind sehr schaden. Gehen Sie kein Risiko ein.

Stippvisiten

Ob Ihr Kind nun täglich oder wöchentlich Unterricht nimmt, bleiben Sie auf alle Fälle hin und wieder ebenfalls dort. Wenn Ihr Kind gerne für Extra-Unterricht bei der Stallarbeit mithilft, achten Sie darauf, dass das keine einseitige Sache wird. Belassen Sie es, wenn möglich, zunächst bei Unterricht gegen Bezahlung, bis Sie genau wissen, dass gelegentliches Aushelfen im Stall kein unfaires Ausnutzen der kleinen Helfer bedeutet und sie auch wirklich einen Gegenwert in Form von gutem Unterricht bekommen. Ein Reitlehrer, der dies anständig handhabt, wird nichts dagegen haben und Sie im Gegenteil noch ermutigen, gelegentlich dabeizubleiben und die Aktivitäten zu beobachten.

Informieren Sie sich über den Reitlehrer Ihres Kindes, über das Unterrichtsprogramm, über die einzelnen Unterrichtsgruppen und die anderen Kinder. Dadurch können Sie überprüfen, ob die Gruppen nicht zu groß sind (max. vier Reitschüler) und können außerdem mit den anderen Eltern zu Ihrer Entlastung ein abwechselndes Hinfahren und Abholen organisieren.

Sobald Sie bezüglich des Reitlehrers und der Unterrichtsstunden ein gutes Gefühl haben, können Sie sich während der Stunden diskret zurückziehen. Beobachten Sie Ihr Kind nicht ständig, wenn es das nicht will, auch wenn der Reitlehrer einverstanden wäre. Nehmen Sie sich lieber ein Buch, eine Zeitung oder sonstige Beschäftigung mit und machen Sie es sich bis nach dem Unterricht irgendwo gemütlich.

Pferde und Familienzusammenhalt

Es heißt, dass Familien, die zusammen spielen, auch zusammenhalten. Wenn es dabei um Pferde geht, ist das sehr wahr. Durch gemeinsame Ziele, Werte und Gewohnheiten des Sichkümmerns bleibt die Kommunikation zwischen Eltern und Kindern oft lebendig, auch wenn sie ansonsten getrennte Wege gehen.

Ich kenne eine Frau in den Vierzigern, die gemeinsam mit ihrer zehnjährigen Tochter Reitunterricht nimmt. Der Alltag von Mutter und Tochter klafft weit auseinander, und sie hätten sicherlich nicht viel, worüber sie miteinander reden könnten, aber die Pferde und das Reiten als gemeinsame Interessen sorgen für ständigen Gesprächsstoff, und daraus ergeben sich ganz natürlich Übergänge zu anderen Dingen. Die tagtägliche Kommunikation ist gesichert, und diese Mutter würde auch dann weiter Reitunterricht nehmen, wenn ihr daran weniger gelegen wäre, denn diese Augenblicke der Nähe und der Verständigung mit ihrer Tochter sind ihr kostbar. Wenn sie zusammen zum Stall fahren und dabei schwatzen, gibt es keine Generationsprobleme, keinen Mutter-Tocher-Konflikt, sondern einfach nur zwei pferdenärrische Reiter, die über ihr Lieblingsthema sprechen.

FRAGEN UND ANTWORTEN

F: Ich verstehe nicht den Unterschied zwischen zwei Ställen hier in der Nähe, von denen einer anscheinend ein »Trainingsstall« und der andere ein »Einstellerstall« ist. Meine Tochter hat Klassenkameraden, die in dem einen oder auch in dem anderen Stall Pferde eingestellt haben und Reitunterricht nehmen. Gibt es denn da wirklich einen Unterschied? Die Eltern der anderen Kinder können das auch nicht genau sagen.

A: Die Antwort lautet »vielleicht«. Theoretisch ist ein Trainingsstall ein wettbewerbsorientierter Betrieb, in dem die Pferde für Turniere trainiert werden und ihre Besitzer ebenfalls für Turniere ausgebildet werden. Es gibt einen fest angestellten Bereiter/Reitlehrer, und auswärtige Reitlehrer sind nicht zugelassen.

Ein Einstellerstall ist (wieder theoretisch) ein Betrieb, in dem Privatleute ihre Pferde unterbringen und versorgen lassen können, wenn sie nicht die Möglichkeit haben, sie selbst zu halten. Einstellerställe haben manchmal gar keinen geprüften Reitlehrer. Die Reiter können dort privat mit irgendeinem Reitlehrer Vereinbarungen treffen oder sich auch gegenseitig unterrichten.

So viel zur Theorie. In der Praxis sind die Grenzen verwischt. In vielen Betrieben gibt es Reitlehrer, die zum Teil nicht geprüft oder nicht einmal zum Unterrichten qualifiziert sind. Viele Reitstallbesitzer bieten Unterricht, Beritt und die Möglichkeit zum Einstellen von Privatpferden an. In vielen Einsteller-Ställen ist es den Einstellern nicht erlaubt, Unterricht bei jemand anderem als dem Reitlehrer vor Ort zu nehmen, der oft der Besitzer oder Verwalter ist. Genaueres können Sie nur erfahren, wenn Sie jeden Betrieb besuchen, mit dem Besitzer sprechen und sich den Unterricht und die Vertragsbedingungen für das Einstellen von Pferden genauer ansehen. Gehen Sie also nicht von irgendwelchen Vorstellungen aus, die ein Name im Telefonbuch erweckt, sondern machen Sie sich eine Liste der Leistungen, auf die es Ihnen ankommt, und starten Sie mit dieser Liste eine Inspektionstour durch mehrere Ställe.

F: Ich dachte, ich hätte den idealen Stall für das Pferd meiner Tochter gefunden, aber jetzt bin ich mir nicht mehr sicher. Der Preis für die Grundleistungen war niedriger als in anderen Ställen, und die Einrichtungen waren ziemlich gleich, also hielt ich diesen Stall für günstig. Das Problem ist jetzt, dass ich jeden Monat eine Rechnung für »Extraleistungen« bekomme, und manchmal ist die Gesamtsumme fast das Doppelte des normalen Grundpreises. Anscheinend braucht unser Pferd jeden Tag zusätzlich Kraftfutter und Heu, weil es so viel frisst, zusätzliche Einstreu, weil es so viel pinkelt, längeren Auslauf, weil es sonst »durchdreht« und das Personal nicht mit ihm fertig wird, und so weiter. Für das Geld, das ich für »Extras« zahle, die es angeblich braucht, hätte ich es leicht in einem anderen Stall unterbringen können, der mir viel besser gefallen hat und mir nur zu teuer vorkam. Meiner Meinung nach gehören diese Extras alle eigentlich zu den Grundleistungen und dürften nicht mehr kosten. Was soll ich tun?

A: Sie müssen von Anfang an alles schriftlich haben, damit Sie Ihre wirklichen Ausgaben einschätzen können und einen echten Vergleich zwischen den Ställen ziehen können. Sie haben etwas sehr Wichtiges auf die harte Tour gelernt: »Grundleistungen« heißt in jedem Stall wieder etwas anderes, Sie dürfen also nie einfach »annehmen«, dass dies oder jenes dazugehört, sondern müssen sich genau erkundigen.

In jedem guten Einstellerstall gibt man Ihnen gerne eine Liste der Dienstleistungen und Preise, und im Einstell-Vertrag sollte festgehalten sein, wie viel Futter, Einstreu und Auslauf in den Grundleistungen enthalten ist.

Extradienste sollten sich auf Dinge beziehen wie Decken und Gamaschen anlegen und abnehmen, Medikamente verabreichen, das Pferd duschen, putzen, transportieren und eventuell für den Hufschmied oder den Tierarzt festhalten, obwohl Letzteres in manchen Ställen auch als Bestandteil der Grundleistungen angeboten wird.

Wenn Sie verschiedene Ställe daraufhin genauer prüfen, stellen Sie fest, dass die angebotenen Grundleistungen sehr unterschiedlich sind. Wenn Sie meinen, dass Sie im Augenblick zu viel bezahlen für das, was Sie bekommen, und in einen anderen Stall wechseln möchten, sehen Sie sich vorher dort das »Kleingedruckte«, die Vertragsbedingungen hinsichtlich der Grundleistungen und Extradienste, genau an, damit Sie nicht wieder eine Enttäuschung erleben.

4

Die richtige Reitkleidung

Die Kleiderfrage ist nur der Auftakt zu vielem anderen: Was braucht Ihr Kind wirklich? Wo bekommt man das? Sollte man alles neu kaufen? Kann man manches auch gebraucht bekommen? Zum Glück sind die Antworten einfach.

Was braucht ein Reiter?

Die Grundausstattung für Reiter muss vernünftig sein. Wie eine Ski- oder Bergsteigerausrüstung muss auch die Reitausrüstung Sicherheit geben, bequem und gesund sein. Die Sicherheit kommt vor allem anderen, sie muss immer gewährleistet sein, wenn Ihr Kind aufs Pferd steigt.

Reitkappen und Sicherheit

Die Sicherheits-Reitkappe ist das Allerwichtigste in der Reitausstattung Ihres Kindes. Sie muss den geltenden Sicherheitsstandards genügen, muss richtig sitzen und immer korrekt mit dem Riemen befestigt sein, sobald Ihr Kind auf dem Pferd sitzt, auch wenn es nur »für eine Minute« ist, oder wenn es nur auf dem schläfrigen kleinen Pony eines Freundes auf einer weichen Wiese ist, sonst gilt zum Beispiel auch der Ver-

Zum Lernen genügt Freizeitkleidung.

sicherungsschutz nicht. Schaffen Sie Ihrem Kind zuliebe eine gute Sicherheitskappe an – keinen Fahrradhelm, keine Reitkappe, die nur schön aussieht, sondern einen ordentlichen, getesteten Schutzhelm speziell für Reiter. Mehr über Reitkappen erfahren Sie noch später in diesem Buch.

Schuhwerk und Sicherheit

Stiefel sind wichtig, um die Zehen und die Knöchel zu schützen, aber es muss nicht gleich ein stilvoller Lederstiefel für 400 DM sein. Kürzere Wander- oder Freizeitstiefel sind für

Kinder vollkommen ausreichend, kosten viel weniger und sind viel praktischer.

Wenn Ihr Kind so weit ausgewachsen ist, dass sich die Beinlänge oder Schuhgröße nicht mehr ändert, und wenn es bis dahin ein fortgeschrittener Reiter geworden ist und gerne an offizielleren Turnieren teilnehmen würde, können Sie daran denken, formalere Kleidung wie für Erwachsene anzuschaffen.

Reithosen

Reithosen sind praktisch. Jeans, die nicht speziell fürs Reiten entworfen und aus elastischem Material hergestellt sind, haben meist an den ungünstigsten Stellen Nähte: im Schritt und innen an den Schenkeln. Bei Reithosen – Breeches, Jodhpurs und Reit-Jeans – werden die Nähte anders gesetzt, so dass sie nicht zwischen dem Reiter und dem Sattel liegen und den Reiter nicht wundscheuern können.

Zu Breeches trägt man im allgemeinen Reitstiefel, die bis unter das Knie reichen; diese Reithosen liegen am Unterschenkel eng an und werden am Knöchel mit Haftverschluss oder Gummizug fest geschlossen.

Zu Jodhpurs trägt man kurze, knöchelhohe Reitstiefel; diese Reithosen sind etwas länger, so dass sie über die Stiefel reichen, und enden in Aufschlägen. Für Kinder sind in der Praxis Jodhpurs besser geeignet. Wenn das Kind höhere Stiefel trägt, passen sie im Allgemeinen gut über die Jodhpurs.

Reithosen für ein Kind müssen nicht unbedingt einen Lederbesatz über die ganze Sitzfläche haben. Sie müssen auch nicht unbedingt die Modefarbe des Monats haben. Lassen Sie sich vom Reitlehrer Tipps für die geeignete Kleidung zum Lernen und für festlichere Anlässe geben.

Handschuhe

Handschuhe schützen die Fingernägel und die Haut an der Innenseite der Finger und erleichtern es, den Zügel ohne Durchrutschen sicher zu halten.

FRAGEN UND ANTWORTEN

F: Mein Sohn nimmt an Vielseitigkeitsturnieren teil. Dabei müssen die Männer zu Beginn der Dressurprüfung grüßen, indem sie ihren Hut lüften. Das geht aber nicht, wenn der »Hut« ein Schutzhelm mit festgezogenem Riemen ist. Da dieser Gruß Tradition ist, frage ich mich, ob ich ihn in der Dressuraufgabe eine normale (nicht schützende) Jagdkappe tragen lassen soll.

A: Nein. Er kann in allen drei Disziplinen seinen Schutzhelm tragen und auf eine andere, ebenso traditionelle Weise grüßen, die bei Reitern beiderlei Geschlechts akzeptiert wird. Sie besteht einfach darin, nach dem Anhalten beide Zügel in die linke Hand zu nehmen, den rechten Arm mit der Handfläche nach unten herabfallen zu lassen, leicht nach hinten zu bewegen und einen Augenblick ausgestreckt mit der Handfläche nach hinten hinter der Hüfte zu halten. In diesem Augenblick beugt man den Kopf, hebt ihn dann wieder, hebt auch den Arm wieder in seine normale Position, nimmt die Zügel auf und reitet an.

Damit dieser Gruß schön ruhig und nicht zu hastig ausfällt, ist es hilfreich, wenn man dabei 1-2-3 zählt.

Nach dem Anhalten sitzt man gerade und sieht geradeaus den Richter an. Dann:

1. Beide Zügel in die linke Hand nehmen, den rechten Arm langsam an der Seite herabfallen lassen.
2. Das Kinn senken und den Kopf nach vorne neigen (eigentlich ein langsames, übertriebenes Nicken und keine Verbeugung mit dem Rücken), während der Arm sich streckt, bis die Hand direkt hinter der Hüfte ist.

Offizielle Kleidung für kleine und etwas größere Kinder.

3. Das Kinn wieder heben und sich im Genick aufrichten, bis man den Richter wieder gerade ansieht (der nickt dann oder lächelt in Erwiderung des Grußes); zugleich bewegt man den rechten Arm ruhig wieder zurück, nimmt die Zügel wieder auf und macht sich bereit, anzureiten. Wenn der Gruß zu hastig ausfällt, wirkt der Reiter fahrig und macht den Eindruck, er hätte Angst, dass sein Pferd von selbst wieder antritt, bevor er es dazu auffordert. Wenn man die 1-2-3 in drei Sekunden zählt, wird es ein schöner, ruhiger und anmutiger Gruß.

F: In dem Reitstall, den meine Tochter besucht, sind die Kinder in ihrer Gruppe alle um die zwölf Jahre alt. Es ist kein Turnierstall, obwohl manche Kinder auch an Veranstaltungen teilnehmen; alle Kinder aber sind ziemlich gleich gekleidet, sie tragen Polohemden und Breeches. Meine Tochter Ellie ist die Einzige, die keine hohen Reitstiefel hat, und allmählich macht es ihr etwas aus.

Ich weiß, dass es allgemein heißt, Jodhpurs und Stiefeletten seien für Kinder in Ordnung, aber Ellie ist nicht glücklich damit. Sie sagt es nicht, dass sie lieber hohe Stiefel hätte, aber ich weiß es. Sie ist ziemlich gut darin, Wünsche nicht zu äußern.

Ich bin allein stehend und wir müssen sparen, deswegen kann ich ihr über die Reitstunden hinaus nicht allzu viel geben, und das heißt: keine hohen Reitstiefel. Ich weiß, dass die guten mehrere Hundert Mark kosten, und das kann ich mir nicht leisten.

Haben Sie irgendwelche Vorschläge, wie ich Ellie helfen kann? Ich will nicht zu viel über unsere finanzielle Lage sprechen, weil das Problem zum Teil darin liegt, dass ihr

Vater nie einen Pfennig für den Unterhalt des Kindes bezahlt hat, seit er uns vor vier Jahren verließ, und sie ihren Vater noch liebt; und dieses Gefühl möchte ich nicht zerstören. Trotzdem wünschte ich, ich könnte ihr diese Stiefel beschaffen!

A: Ellie hat wirklich Glück, dass sie Sie zur Mutter hat. Mir scheint, als wüsste sie das auch. Ich finde, es wäre schön, wenn Ellie ein Paar hohe Reitstiefel bekommen könnte, und vielleicht kann ich Ihnen ein paar Tipps geben, wie Sie günstiger an welche herankommen. Neue gute Stiefel sind natürlich sehr teuer, aber es gibt verschiedene Möglichkeiten, gebrauchte gute Stiefel für viel weniger Geld zu bekommen.

Sehen Sie sich in allen Reitsportgeschäften um, die Sie finden können. Einige nehmen von Kunden gebrauchte Reitutensilien in Kommission, die diese nicht mehr tragen, und verkaufen sie zu günstigen Preisen. Sehen Sie dabei auch in die Abteilung für neue Stiefel, denn es kommt vor, dass Kunden sich Stiefel bestellen, die sie dann nicht mehr wollen oder die sie nie abholen und die dann auch günstiger verkauft werden.

Es gibt auch Secondhandläden für Reitsportbedarf, in denen Sie gut erhaltene Qualitätsware für einen Bruchteil des ursprünglichen Preises bekommen. Auch auf Flohmärkten findet man mit ein bisschen Glück etwas Passendes. Oder sehen Sie in den einschlägigen Pferdesportzeitschriften unter der Abteilung »Verkäufe« nach, dort werden immer gebrauchte und gut erhaltene Reitutensilien privat angeboten.

Sie können auch in mehreren Ställen und Reitsportgeschäften Zettel aushängen nach dem Motto:»Suche …«.

Und beschränken Sie Ihre Suche nicht auf Lederstiefel. Billige Lederstiefel taugen nichts, ebenso wie billige Gummireitstiefel. Aber es gibt auch gute Gummireitstiefel, die gut sitzen, bequem und haltbar sind, nicht zu heiß werden und auch für Veranstaltungen geeignet sind.

5

Sättel kommen später

Solange Kinder Unterricht auf Schulpferden haben, brauchen sie kein eigenes Sattel- und Zaumzeug. Sie brauchen auch sonst eigentlich nichts für das Pferd, aber viele Kinder lieben es, einen eigenen Putzkasten zu besitzen, ob sie nun ein Pferd putzen müssen oder nicht.

Was muss ich kaufen?

Dieser Plastikbehälter voller Bürsten, Striegel und Hufkratzer mag für Sie nichts Besonderes sein, für Kinder bedeutet er eine Menge: Der Putzkasten ist der praktische Beweis, dass Ihr Kind mit Pferden zu tun hat, und ist psychologisch gesehen schon der allererste Schritt zu einem eigenen Pferd. Später, wenn Sie für Ihr Kind vielleicht eine Reitbeteiligung an einem Privatpferd oder Pony organisieren, wird es sich dann auf alle Fälle seine eigene Grundausstattung der verschiedensten nützlichen oder nötigen Dinge wünschen.

Longierausrüstung

Wenn der Reitlehrer Ihres Kindes auch Unterricht im Longieren gibt – ein wichtiger Bestandteil einer umfassenden Reiterausbildung –, dann werden Sie auch eine Ausrüstung zum Longieren anschaffen müssen. Man braucht dazu eine Longierpeitsche, eine Longe von mindestens acht Metern und einen Kappzaum mit scharnierartig klappbaren Metallringen auf dem Nasenriemen. Es gibt Kappzäume aus gutem Leder, die ziemlich teuer sind, aber auch viel weniger teure aus Nylon. Wichtig ist nur, dass er gut sitzt. Lassen sie sich vom Reitlehrer Ihres Kindes dabei beraten.

Später, wenn Sie sich mit Ihrem Kind einmal an einem Privatpferd beteiligen oder gar daran denken, ihm ein eigenes zu schenken, kommen größere Ausgaben für Ausrüstungen hinzu, die speziell für Ihr Kind und für dieses Pferd passen.

Zaumzeug und Sattel

Das Wichtigste ist ein Sattel, der sowohl dem Pferd wie auch Ihrem Kind passt. Sonst fühlen sich beide unwohl. Für das Pferd den richtigen Sattel zu finden, setzt viel Wissen und Erfahrung voraus, und Sie werden fachliche Hilfe benötigen. Welcher Sattel am besten für den Po Ihres Kindes ist, können Sie jedoch selbst mit beurteilen. Ein zu kleiner Sattel lässt zu wenig Bewegungsspielraum und drückt, in einem zu großen Sattel rutscht Ihr Kind haltlos herum. Wenn er den tiefsten Punkt zu weit hinten hat, gelingt es dem Kind nie, in der richtigen Haltung mit den Fersen in senkrechter Linie unter den Hüften zu sitzen; es sitzt dann im so genannten »Stuhlsitz« mit den Beinen zu weit vorne und kämpft ständig um sein Gleichgewicht.

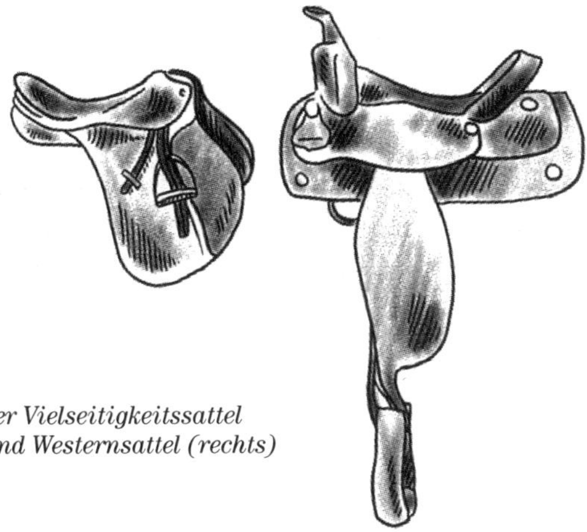

Englischer Vielseitigkeitssattel (links) und Westernsattel (rechts)

Der Sattel muss also in Form und Größe nach unten zum Pferd und nach oben zum Reiter passen, wobei auch auf die Sattelblätter zu achten ist, die entsprechend der Beinlänge nicht zu lang sein dürfen.

Zum Sattel gehören außerdem:

1. Ein Gurt, der eventuell an einem Ende elastisch ist (damit das Pferd sich wohler fühlt, aber auch, damit Kindern das Gurten leichter fällt).
2. Steigbügelriemen (aus gutem Leder und solide gemacht, denn sie müssen sicher sein, und billige sind ein Risikofaktor) und Steigbügel mit gummiertem Steg (groß genug, dass der Fuß nach beiden Seiten Luft hat).
3. Zwei Satteldecken (die abwechselnd benützt und gewaschen werden).

Außerdem braucht Ihr Kind:

1. Einen Kopfzaum in der passenden Größe und Art für das Pferd.

2. Zügel, die bequem in den kleinen Händen liegen (weder so breit, dass die Finger sie nicht mehr bequem umfassen können, noch so schmal, dass die Finger sich verkrampfen müssen, um sie zu halten).
3. Ein einfaches Qualitäts-Trensengebiss, das in Größe und Dicke gut in das Pferdemaul passt.

Zaumzeug mit Trense zum a) englisch Reiten, b) Western-Zaum mit einfacher Westernkandare zum Westernreiten.

Steht der Kauf eines Sattels und eines Zaumzeugs an, sollten Sie sich vom Reitlehrer Ihres Kindes beraten und helfen lassen. Er weiß sicherlich genau, was aktuell alles angeboten wird (manchmal kann man mit gebrauchtem Sattel- und Zaumzeug einen guten Fang machen), und kann vor minderwertigen Ausrüstungsgegenständen warnen.

FRAGEN UND ANTWORTEN

F: Meine Tochter braucht einen Sattel für ihr Pferd, und ein anderes Mädchen in dem Stall verkauft einen, von dem der Reitlehrer meint, dass er für uns geeignet wäre. Ich habe den Sattel gesehen, und er ist nicht besonders schön; das Leder ist abgestoßen, die Farbe an den Sattelblättern, wo der Steigbügelriemen reibt, ist dunkel, und überall sind Kratzer. Ich würde gern einen Sattel kaufen, der etwas schöner aussieht, und habe in Reitsportläden auch schon einige sehr hübsche Sättel gesehen, die nicht so viel kosten und ganz neu sind. Die kosten sogar weniger als halb so viel wie dieser gebrauchte Sattel. Wäre es nicht sinnvoller, einen ganz neuen Sattel zu kaufen, der schöner und billiger ist?

A: Nicht unbedingt. Gebrauchte Sättel sehen meistens so aus, wie Sie beschreiben, aber »gebraucht« heißt nicht »verbraucht«, und wenn der Reitlehrer, der mit Pferden, Sätteln und Kindern Bescheid weiß, sagt, dass dieser Sattel für Ihr Kind und für dessen Pferd passt, sollten Sie auf ihn hören.

Die Sättel, die Sie im Laden gesehen haben, sind wahrscheinlich Billigmarken, die nicht viel taugen. Sie sind aus minderwertigem Material und schlecht konstruiert, so dass sie weder auf dem Pferd gut liegen, ohne es falsch zu belasten, noch der Reiter bequem auf ihnen sitzt. Neu ist nicht immer gut, und wenn Sie die Wahl zwischen einem billigen, minderwertigen neuen Sattel und einem teureren gebrauchten, gut gemachten Sattel haben, sollten Sie sich, ohne zu zögern, für den zweiten entscheiden.

Gute Sättel müssen vielleicht einmal neu aufgepolstert werden, aber sie sind von unschätzbarem praktischem Wert. Bei manchen Marken ist die Qualität im Laufe der Jahre gesunken, so dass ein alter Sattel besser ist als ein neuer. Bei anderen Marken hat sich die Qualität gehalten oder ist gestiegen und die Preise ebenfalls. Haben sie geprüft, wieviel ein neues Exemplar dieses gebrauchten Sattels heute kosten würde? Zwischen 2000 und 3000 DM oder mehr werden sie im Allgemeinen anlegen müssen, einen guten »Gebrauchten« können Sie mit viel Glück um rund 1000 DM erwerben.

Und noch etwas: Wenn Ihr Kind den guten gebrauchten

Sattel wieder loswerden will, bekommen Sie den Großteil Ihres Geld wieder zurück, während Sie einen billigen Ramschsattel gebraucht höchstens noch für 200 DM weiterverkaufen können.

Im Grunde geht es aber dabei weniger um das Geld als um die Sicherheit. Schließlich möchten sie ja, dass Ihr Kind in einem Sattel reitet, der nicht einen Unfall provoziert, weil er dem Pferd wehtut oder weil er in einem kritischen Augenblick kaputtgeht. Lassen Sie also um der Sicherheit willen die Finger von den Billigmarken.

F: Meine Tochter kam gestern Abend an und sagte, ihr junges Pferd wäre dem alten Sattel entwachsen und bräuchte einen Sattel mit einem größeren Baum. Ich habe diesen Ausdruck schon oft gehört, aber nie verstanden, was er bedeutet. Ich nehme an, er bezieht sich auf das Maß zwischen der einen Seite des Sattels und der anderen, aber warum nennt man das Baum?

A: Sättel werden mit einem Grundrahmen gebaut, den man »Baum« nennt und der verhindern soll, dass der Sattel (und das Reitergewicht) direkt auf die Wirbelsäule des Pferdes drückt, das diesen Druck nicht aushalten könnte; stattdessen liegt das Gewicht auf den langen Rückenmuskeln beiderseits der Wirbelsäule auf, die belastbar sind. Der Baum kann aus Holz, Metall, Kunststoff oder aus einer Kombination dieser Materialien bestehen.

Auf einem Pferd mit breitem, flachem Rücken würde ein enger Baum auf die Wirbelsäule drücken und direkt hinter den Schultern klemmen, während mit einem weiten Baum genug Freiraum vorhanden wäre und die Auflagefläche auf den Muskeln anstatt auf den Knochen liegen würde. Auf einem Pferd mit schmalem Rücken, hohem Widerrist und hervorstehender Wirbelsäule würde ein Sattel mit weitem Baum direkt auf den Widerrist und die Wirbelsäule drücken, dem Pferd große Schmerzen bereiten und vielleicht auch seinem Rücken schaden. Mit einem schmalen Baum hingegen wür-de der Druck vom Widerrist und der Wirbelsäule genommen, so dass es sich bequem und schmerzfrei bewegen kann.

F: Mein Sohn war mit seinem Freund und dessen Eltern bei einer Reitsportartikel- und Pferdeauktion und kam mit einem Paar Steigbügelriemen aus Leder und Steigbügeln nach Hause, die er für wenig Geld ersteigert hatte. Jetzt möchte er für seinen Reitunterricht natürlich »seine« Steigbügel und Riemen am Sattel montieren. Seine Reitlehrerin sagte dazu ganz klar Nein. Ich meine aber, dass es für Kinder wichtig ist, Unabhängigkeit und Selbstbewusstsein zu entwickeln. Zu dieser Auktion zu gehen und mitzusteigern war ein wichtiger Schritt vorwärts für meinen kleinen Jungen. Wie kann ich der Reitlehrerin etwas mehr Kinderpsychologie nahe bringen, damit sie sein Selbstbewusstsein nicht zerstört?

A: Sie müssen mit der Reitlehrerin sprechen, aber nicht über das Selbstbewusstsein Ihres Sohnes. Kinder lieben Auktionen und das Steigern, und tatsächlich etwas zu ersteigern, war wahrscheinlich schon Lohn und Spaß genug. Sogar Erwachsene steigern mehr, als sie sollten, oder ersteigern Dinge, die sie eigentlich nicht brauchen oder gar nicht wirklich haben wollen, weil sie vom allgemeinen Fieber angesteckt werden. Auktionen machen Spaß, und das Steigern macht Spaß, und meistens entdecken Sie dann zu Hause, dass Ihre billig ersteigerte Kostbarkeit genau ihren Preis wert ist.

Ihr Sohn hat nun ein Paar billige Steigbügelriemen und Steigbügel, die wahrscheinlich aus Nickel bestehen. Benützen Sie die Steigbügel als Briefbeschwerer, und vielleicht fällt Ihnen für die Riemen auch eine passende Verwendung ein, aber lassen Sie sie ihren Sohn nicht an einen Sattel montieren.

Steigbügelriemen sind die Verbindung zwischen Steigbügel und Sattel. Sie müssen aus hochwertigem, gut gegerbtem und gut verarbeitetem Leder bestehen, damit sie fest und etwas elastisch sind. Wenn sie aus minderwertigem, schlecht gegerbtem Leder bestehen und nicht gut genäht sind, stellen sie einen Risikofaktor dar, denn anstatt unter Belastung ein wenig nachzugeben, reißen sie eher. Stellen Sie sich vor, das passiert im Galopp oder während eines Sprungs.

Sie würden es auch nicht zulassen, dass Ihre Reitlehrerin zu Ihnen kommt und Ihre Autositze gegen andere austauscht, die sie billig ersteigert hat, oder? Die Reitlehrerin wendet sich hier nicht gegen Ihren Sohn oder Sie, sondern nur gegen schlechtes, unsicheres Reitzubehör, das für ihren Schüler ein Risiko ist. Das gehört zu ihrem Beruf.

6

Guter Unterricht: das Wichtigste überhaupt

Die Wichtigkeit und der Einfluss des Reitlehrers kann gar nicht hoch genug eingeschätzt werden. Der Reitlehrer ist Ihr Verbündeter bei der Erziehung Ihres Kindes. Auf die Frage »Was hat mein Kind von den Reitstunden?« gibt es viele Antworten, und bei allen spielt der Reitlehrer die entscheidende Rolle.

Der allmächtige Reitlehrer

Sprechen Sie mit Reitern, die einen schlechten Start hatten. »Wenn ich zurückdenke, muss ich sagen, dass meine ersten drei Jahre Reitunterricht für meine Eltern nur hinausgeworfenes Geld waren. Niemand putzte die Pferde, wenn wir das nicht selbst taten, die Reitlehrer wussten nie, wer wir waren, und kümmerten sich kaum um uns. Wir waren so wild auf Pferde, dass wir gar nicht bemerkten, dass unsere Eltern dafür bezahlten, damit zwölf Kinder auf diesen klapperigen, überanstrengten Gäulen sitzen und eine Stunde lang im Ring im Kreis reiten durften, ohne dass jemand darauf achtete. Ich kann mich gar nicht an einen wirklichen ›Unterricht‹ erinnern. Eigentlich habe ich überhaupt nichts über Pferde und Reiten gelernt. Das war alles völlig für die Katz'.«

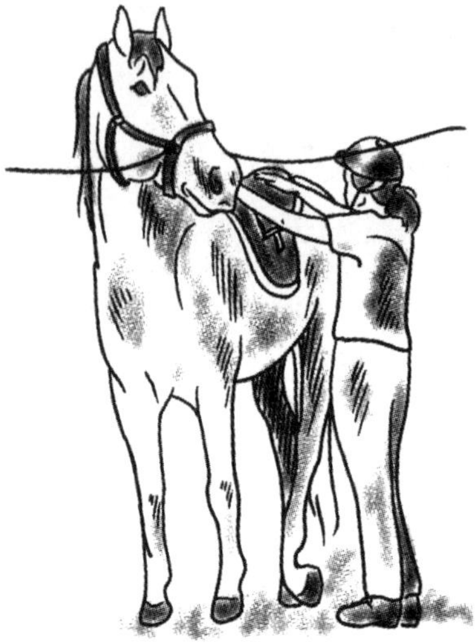

Kinder sollen lernen, wie man mit einem Pferd umgeht, wie man es putzt und aufzäumt.

Sprechen Sie mit Reitern, die einen guten Start hatten, und Sie bekommen etwas ganz anderes zu hören. »Meiner ersten Reitlehrerin habe ich viel zu verdanken – sie hat mir die Grundlagen so gut beigebracht, dass alle Lehrer, die ich später hatte, mir sagten, dass ich eine sehr gute Basis hätte und sehr gut mit Pferden umgehen könnte. Darauf bräuchte ich nur noch aufbauen und mein Können verfeinern. Mir tun alle Leid, die einen schlechten Start hatten und dann Jahre brauchen, um ihre Fehler wieder auszumerzen.«

Worauf kommt es beim Reitlehrer an?

Im Folgenden habe ich Ihnen eine Prüfliste zusammengestellt, die Ihnen dabei hilft, guten Unterricht zu erkennen und schlechten zu vermeiden – die persönlichen und beruflichen Eigenschaften von guten Reitlehrern. Sie mögen sich in Stil und Sache unterscheiden, aber alle guten Lehrer haben

- ein gründliches Fachwissen,
- verschiedene Arten, ihr Wissen zu erklären,

- ein klares Bewusstsein über ihre Rolle als Vorbild,
- das richtige Benehmen (Verhalten, Einstellung),
- bestimmte Sicherheitsmaßnahmen, die sie immer einhalten,
- bestimmte Regeln, deren Befolgung sie von ihren Schülern immer erwarten,
- ein System des schrittweisen Lehrens (mit logischem Fortgang),
- gleichbleibendes Verhalten und Unterrichten,
- das Anliegen, den Schülern wirklich etwas beizubringen und ihnen zu helfen, selbstständig zu werden,
- ständige Konzentration darauf, den Schülern das richtige Können und die richtige Einstellung beizubringen.

Einen qualifizierten Reitlehrer finden

Ein guter Reitlehrer ist von unschätzbarem Wert. Ein unfähiger, unzuverlässiger und gleichgültiger Lehrer, der nicht auf Sicherheit achtet, kann hingegen großen Schaden anrichten. Schützen Sie Ihr Kind, indem Sie den bestmöglichen Lehrer ausfindig machen: einen mit Erfahrung, mit der Fähigkeit zu lehren und mit Werten, die Sie für Ihr Kind für richtig halten.

Die Fähigkeit zu lehren

Die Fähigkeit zu lehren ist wichtiger als das Vorführen besonderen Könnens. Viele hervorragende Reiter sind nicht in der Lage, einem anderen etwas beizubringen; und viele hervorragende Lehrer haben keine besonderen Turniererfolge vorzuweisen. Was Sie für Ihr Kind brauchen, ist ein guter Lehrer,

Wie man ein Pferd sicher führt.

der etwas von Kindern und Pferden versteht und der Ihrem Kind eine gute Grundlage verschaffen kann.

Legen Sie Wert auf Qualität

Entscheiden Sie sich für den besten Lehrer, den Sie ausfindig machen können – auch wenn das bedeutet, dass Sie etwas weiter fahren müssen oder etwas mehr bezahlen müssen: Das ist die Sache wert. In den ersten ein bis zwei Jahren Unterricht ist Ihr Kind am meisten auf einen guten Lehrer angewiesen, der keinen Schaden anrichtet, sondern ihm eine gute Grundlage verschafft.

In mancher Hinsicht unterscheidet sich Reiten nicht von anderen zu lernenden Fähigkeiten. Ob es nun um Klavierunterricht, Ballett, Handball, Lesen, Mathematik oder sonst etwas geht, Sie möchten doch für Ihr Kind immer guten Unterricht, vor allem zu Anfang.

Reiten bedeutet jedoch, mit einem Tier zu kommunizieren und umgehen zu lernen. Ein guter Lehrer für Anfänger wird nicht nur Wert auf eine korrekte Grundlage für das rein körperliche Können des kleinen Reiters legen, sondern seinen Schülern auch eine richtige Einstellung zu den Pferden vermitteln und ihnen klarmachen, wie wichtig es ist, korrekt mit den Tieren umzugehen. Gute Reitlehrer für Anfänger, beson-

QUELLEN

Wie man geprüfte Reitlehrer ausfindig macht
Die Deutsche Reiterliche Vereinigung hat Richtlinien aufgestellt, nach denen Reitlehrer ausgebildet und geprüft werden. Bitte wenden Sie sich dorthin:
Deutsche Reiterliche Vereinigung e.V. (FN)
Freiherr-von-Langen-Str. 13, 48231 Warendorf
Tel: (02581)6362-0 – Internet: http://www.pferd-aktuell.de

ders für Kinder, wissen, in welcher körperlichen und geistigen Entwicklungsphase Kinder stehen.

Wenn Sie sich dann für einen sicherheitsorientierten Reitstall mit einem guten Lehrer entschieden haben, mischen Sie sich nicht mehr ein, sondern ziehen Sie sich auf einen entspannten Beobachterposten zurück. Damit zeigen Sie auch Ihr Vertrauen und Ihren Respekt für den von Ihnen gewählten Lehrer.

7

Sturzhelme

Denken Sie gar nicht erst daran, Ihr Kind bei einem Reitlehrer reiten zu lassen, der nicht verlangt, dass Sturzhelme getragen werden. Jeder Reiter sollte auf dem Pferd immer einen Sturzhelm tragen – ob es bei Veranstaltungen, im Unterricht, bei Übungsritten oder auch nur mal »für eine Minute« ist.

Sicherheit steht an erster Stelle

Kopfverletzungen passieren beim Reiten viel zu oft, und ein Schutzhelm kann den Unterschied zwischen Leben und Tod oder zwischen einem normalen Leben und einem, das nicht mehr lebenswert ist, bedeuten. Jeder gute Betrieb verlangt, dass die Reiter Sturzhelme tragen, und so lernen die Schüler, dass der richtige Kopfschutz zum Reiten gehört.

Reiten, stürzen und Kopfverletzungen

Wenn Sie empfindlich sind und den Gedanken daran, dass Ihr Kind sich eine Kopfverletzung zuziehen könnte, nicht ertragen können, lesen Sie diesen Abschnitt trotzdem, denn Sie sollten diese Dinge wissen. Unfälle geschehen immer wieder, und Sie sollten wissen, wie und warum Kopfverletzungen passieren, und Ihr Möglichstes tun, damit Ihrem Kind das nie zustößt. Eine Schädigung des Gehirns kann nicht nur durch einen Sturz auf harten Boden, auf einen Stein oder gegen einen Baum verursacht werden; ein ungeschützter Kopf kann auch bei einem plötzlichen Sturz auf weichen Rasen Schaden nehmen, wenn es aus dieser Höhe geschieht. Kinder müssen wissen, dass sie immer ihre Helme tragen müssen, wenn sie auf dem Pferd sitzen. Als Eltern müssen Sie mehr wissen.

Kinder sind große Überredungskünstler, wenn sie es gewöhnt sind, Mama und Papa um ihren kleinen Finger zu wickeln, und wenn ihre Wünsche auf Widerstand stoßen, können sie argumentieren wie kleine Rechtsanwälte. Oft entspinnt sich ein Streit um das Tragen des Sturzhelms. Wenn Sie sich einem aufgebrachten Kind gegenübersehen, das aus irgendeinem Grund ohne Helm reiten will – »Niemand hat beim Westernreiten einen Helm, Mama!«, oder: »Ich brauche keinen, heute springen wir nicht«, oder: »Ich reite nur ohne Sattel auf der Wiese, da ist es ganz weich« –, dann muss Ihnen genau bewusst sein, warum ein Helm immer Pflicht ist.

Die wirklichen Gefahren

Intuitiv werden Sie meinen, dass Springen und Galoppieren gefahrenträchtiger sind als ruhiges Dressurreiten auf dem Platz, Ausritte oder eine kleine gemütliche Runde um eine Wiese – und damit sind Sie absolut auf dem Holzweg. Die meisten Reitunfälle passieren im Schritt oder im Stehen. Die sichtbaren Verletzungen – Abschürfungen oder blaue Flecken vom Sturz auf etwas Hartes oder Spitzes – sind unbedeutend im Vergleich zu den Verletzungen, die man nicht sieht. Reiter

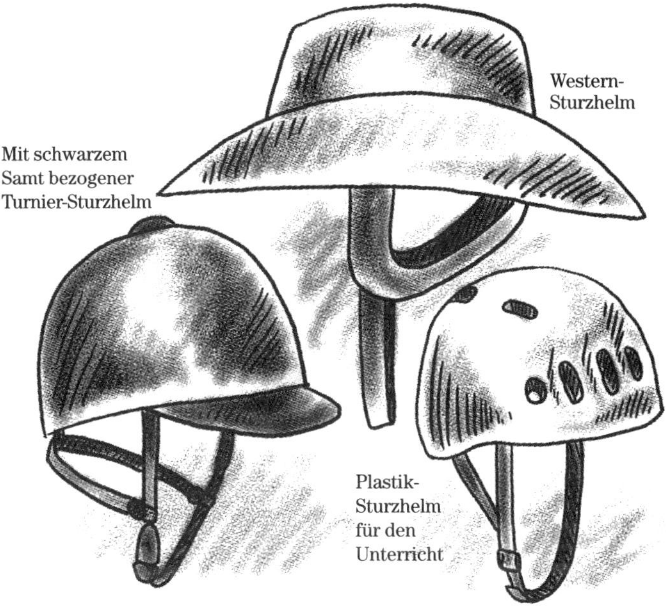

Der allerwichtigste Bestandteil der Reitausrüstung Ihres Kindes ist der Sturzhelm: Er sollte grundsätzlich immer beim Reiten getragen werden.

sind in starkem Maße der Gefahr innerer Kopfverletzungen ausgesetzt.

Es ist ein weiter Weg bis zum Boden. Das Problem bei Stürzen aus einer gewissen Höhe, d. h. bei jeder Kopfverletzung, die durch einen Sturz vom Pferd passiert, ist nicht der Aufprall des Kopfs auf dem Boden – solange man nicht auf einem spitzen Stein landet –, sondern der Aufprall des Gehirns gegen die Innenseite des Schädels. Dabei kann das Gehirn Schaden erleiden.

Schädel gegen Gehirn. Wenn der Kopf des Reiters auf den Boden aufschlägt, wird der Schädel sehr plötzlich abgebremst – das ist der erste Aufprall. Dann prallt das weiche Gehirn innen gegen den harten Schädel, und dabei passiert zweierlei: Erstens prallt das Gehirn mit der einen Seite sehr stark gegen die harte Schädelwand, zweitens wird die andere Seite buchstäblich von der Hirnschale weggerissen. Dabei kann das Hirngewebe schlimm beschädigt werden, und Blutgefäße können reißen, sodass Blut austritt. Zwischen der Gehirnoberfläche und den Schädelknochen ist nicht viel Platz. Wenn eine innere Kopfverletzung in das Gehirn hineinblutet, schwillt das Gehirn an und drückt möglicherweise gegen die Schädeldecke, was zu lebensgefährlichen Schäden führen oder die Lebensqualität des Menschen für die Zukunft beeinträchtigen kann.

Verletzungen addieren sich. Auch ein anscheinend leichter Sturz, der eine kurze Bewusstlosigkeit oder ein paar Augenblicke der Benommenheit verursacht, kann ernsthafte Schäden bewirken, und die Auswirkungen solcher Stürze summieren sich. Mehrere Kopflandungen ohne Helm können einen permanenten Gehirnschaden verursachen. Wenn Sie auch nur eine einzige Regel beim Reiten absolut ernst nehmen, dann diese: Erlauben Sie niemals, ohne Helm zu reiten. Wenn Ihr Kind bei einem Sturz mit dem Kopf auf den Boden aufschlägt, kann der Helm sein Gehirn und sogar sein Leben retten.

Wenn ein geprüfter Sicherheits-Sturzhelm zum Einsatz kommt, wird er beim Aufprall zusammengedrückt und verlangsamt so die Geschwindigkeit, mit der der Schädel auf den Boden aufschlägt, so dass Schädel und Gehirn sich mit der gleichen Geschwindigkeit bewegen und zusammen zum Halten kommen. Deswegen muss der Helm auch gut festgezogen

Es gibt Sicherheits-Sturzhelme für jeden Reitstil.

werden. Außerdem muss der Helm nach einem harten Sturz zurück zum Hersteller zur Überprüfung und wahrscheinlich ersetzt werden, auch wenn man ihm den Knautscheffekt weder innen noch außen ansieht. Am besten haben Sie einen zweiten Helm in Reserve, damit Ihr Kind währenddessen weiterreiten kann.

Sie sehen dem Helm die Beschädigung nicht immer an. Auch wenn Sie dem Helm keine Schäden ansehen, gehen Sie kein Risiko ein. Nehmen Sie lieber die Kosten für einen neuen Helm in Kauf als einen Krankenhausaufenthalt Ihres Kindes.

QUELLEN

Hersteller und Vertreiber von Sturzhelmen

Casco Schutzhelme GmbH
Gewerbering Süd 11,
01900 Bretnig

Casco stellt Schutzhelme aus Kunststoff mit Innenpolsterung und Lüftungsöffnungen her, die gut sitzen und ein geringes Gewicht haben, daher angenehm zu tragen sind.

Codeba GmbH
In der Krim 30 a,
42354 Wuppertal

Codeba stellt Kunststoff-Schutzhelme mit Samtbezug und Styropor-Schutzpolster her.

Reitsport Waldhausen
Wilhelm-Mauser-Str. 45
50827 Köln

Reithelme mit stoffbezogenen Schutzpolstern, Lüftungsschlitzen und Klettbandverschluss.

LAS, Via T. Tasso
20-24027 Nembro BG,
Italien

Die italienische Firma LAS stellt Fiberglasschalen für Westernreiter her, die unter dem Westernhut getragen werden.

Alle Sportarten bergen ein gewisses Risiko, und wenn man alle Gefährdungsmöglichkeiten ausschalten will, muss man auf jeglichen Sport verzichten. Was aber die Sicherheit bei der Reitausrüstung betrifft, hat die Entwicklung große Fortschritte gemacht, besonders bei Sturzhelmen. Nützen Sie die Vorteile der ausgereiften Schutzkleidung für Ihr Kind.

Helme sind nicht alle gleich. Ein geprüfter Fahrrad-Sturzhelm ist anders gebaut als ein geprüfter Sturzhelm für Reiter; bei einem Sturz mit dem Fahrrad fällt man meist bei höherer Geschwindigkeit nach vorn, und die Verletzungen ergeben sich meist oben und vorne am Kopf, und das wird bei Fahrrad-Sturzhelmen berücksichtigt.

Bei einem Sturz vom Pferd fällt der Reiter von einer größeren Höhe und nicht unbedingt nach vorn; dabei sind auch der Hinterkopf und die Seiten gefährdet, und dementsprechend sind Sturzhelme für den Reitsport konstruiert.

FRAGE UND ANTWORT

F: Meine Kinder machen beim Westernreiten mit, also müssen sie doch eigentlich keine Sturzhelme tragen, oder? Wenn sie keine Cowboy-Hüte tragen wie die anderen, würde das dumm aussehen, und Sie wissen doch, wie Jugendliche sind.

A: Wenn die bisherigen Argumente in diesem Kapitel Sie nicht überzeugen, wie wichtig es für Kinder und Erwachsene ist, auf dem Pferd immer einen Sturzhelm zu tragen, dann gelingt das vielleicht der folgenden Geschichte. Es ist eine wahre Geschichte: Die Landesmeisterschaften des offiziellen amerikanischen Pony-Clubs finden jedes Jahr in Lexington in Kentucky statt. Vor einigen Jahren zog sich kurz vor diesen Landesmeisterschaften eine talentierte junge Dressurreiterin bei einem Reitunfall Kopfverletzungen zu, an denen sie starb. Sie hätte an den Landesmeisterschaften teilnehmen sollen und mit ihren Team-Kameraden ein paar fantastische Tage erleben können, aber sie überlebte ihren

Sturz nicht, und ihre Kameraden waren zutiefst erschüttert. Sie können sich sicher vorstellen, was das für ihre Familie und ihre Freunde bedeutete.

Der Pony-Club schreibt beim Reiten das Tragen von geprüften Sicherheitshelmen vor, die auch immer korrekt festgeschnallt sein müssen, wie konnte das also passieren? Hatte das Mädchen ihren Helm vergessen?

Nein. Sie trug ihren Helm immer – außer beim Westernreiten mit ihrem Vater. Der Unfall passierte, als sie mit ihrem Vater in einem Team bei Western-Reitspielen teilnahm, bei dem sie beide Cowboy-Hüte trugen. Ja, ich weiß, dass Helme nicht wie Cowboy-Hüte aussehen, und ich weiß auch, wie Jugendliche sind. Diese eine Jugendliche – ein talentiertes, intelligentes, hübsches Mädchen – hat das mit ihrem Leben bezahlt.

Wenn Ihre Kinder reiten wollen, sollen sie das mit der richtigen Ausrüstung tun. Sonst lassen Sie sie bitte lieber einen anderen Sport treiben, bei dem die richtigen Sicherheitsvorkehrungen nicht für lächerlich gehalten werden.

8

Das Engagement der Eltern

Sie möchten Ihr Kind dazu ermutigen, sich zu engagieren, Freude an etwas zu haben, sich weiterzuentwickeln und »bei der Stange zu bleiben«? – Das ist gut, aber bedenken Sie dabei, dass Sie in den verschiedenen Entwicklungsstadien Ihres Kindes unterschiedlich an die Dinge herangehen müssen.

Wie kann ich mich für das Reiten meines Kindes engagieren?

Vergessen Sie nicht, dass Sie in einer einzigartigen Lage sind, Ihrem Kind Dinge nahe zu bringen, wie das kein Lehrer kann: Werte, Einstellungen und Verhalten zu Hause, die Ihrem Kind helfen, alles andere leichter und besser zu lernen, auch den Umgang mit Pferden und den allgemein sportlichen und kameradschaftlichen Umgang, den Ihr Kind im Reitstall lernen sollte. Sie sind vielleicht kein Experte für Pferde, aber Sie sind Experte, was Ihr Kind betrifft, und Ihr Beitrag ist wertvoller und dauerhafter als der irgendeines anderen Erwachsenen.

Verständnis

Etwas sehr Wesentliches, was Sie Ihrem Kind schenken können, ist Verständnis und Wissen über seine körperliche Entwicklung, die ihm Probleme mit dem Gleichgewicht, der Koordination und der Ausdauer bescheren kann. Wenn Sie ihm Schwierigkeiten, die es dann beim Reiten hat, erklären können, fühlt es sich seinen Ungeschicktheiten weniger ausgeliefert.

Aufpassen beim Geldausgeben

Sie sind derjenige, der Ihrem Kind die Reitstunden ermöglicht. Sie finanzieren den Unterricht, die Ausrüstung und die Kleidung.

Man hat schnell einen Haufen Geld für all diese Gegenstände ausgegeben. Vieles davon ist vielleicht unnötig, und Sie können es sich ersparen, wenn Sie vorher mit dem Reitlehrer sprechen und erfahren, was Ihr Kind wirklich braucht im Unterschied zu dem was es dazu noch gerne hätte. Wenn Ihr Kind sagt: »Ich brauche einen eigenen Helm, der *mir* genau passt, und wenn ich auf den Kopf stürze, brauche ich einen neuen«, dann hat es absolut Recht. Wenn aber das Kind sagt: »Ich soll hohe Lederstiefel und eine schwarze Jacke tragen«, erkundigen Sie sich beim Reitlehrer – womöglich hat Ihr Kind das bei einer Veranstaltung oder auf einem Foto gesehen und glaubt vielleicht, dass der Reitlehrer so etwas gemeint hat mit »zum Reiten richtig anziehen«, wobei er sicher etwas weniger Teures im Auge hatte.

Fragen Sie vor allem bei allen Wünschen Ihres Kindes nach weiterer Ausrüstung lieber nach, solange es nur auf Schulpferden am Unterricht teilnimmt oder eine Reitbeteiligung an einem Privatpferd hat und Sie zu hören bekommen: »Ich muss für das Turnier nächste Woche einen neuen Sattel/neues Gebiss haben.« Rufen Sie ruhig den Reitlehrer an und plaudern Sie ein wenig über mögliche Missverständnisse. Tun Sie das aber erst, wenn Sie nicht mehr vor Wut über andere schäumen, die Sie anscheinend für einen Goldesel halten. Sehr wahrscheinlich hat der Reitlehrer nie etwas Derartiges gesagt, sondern irgendeine harmlose Bemerkung über Sättel gemacht, die das Kind dann auf sich bezogen und missverstanden hat.

Beim Reitturnier

Irgendwann taucht das Thema Reitturniere auf, seien Sie also gewappnet. Wenn Ihr Kind den Wunsch äußert, bei Reitturnieren mitzureiten, erkundigen Sie sich erst nach den näheren Umständen, bevor Sie antworten: »Natürlich, warum nicht?«

Wie viele Turniere sind es und wo finden sie statt? Wenn Sie meinen, Sie geben Ihre Zustimmung zu einem kleinen privaten Fest mit Pferden oder einem Übungsturnier im eigenen Stall, und Ihr Kind meint, Sie erklären sich damit einverstanden, einen ganzen Sommer lang Wochenend-Turniere in auswärtigen Ställen mitzumachen, ist der Streit vorprogrammiert.

Erkundigen Sie sich nach den Umständen

Wie weit ist das Turnier entfernt, wie ist die Anreise organisiert, und wie viel soll das Ganze kosten? Gibt es ein striktes Alkoholverbot für das Turnier und die An- und Abreise? Gilt

Zuschauer brauchen ihre eigene Ausrüstung für Reitveranstaltungen!

es nicht nur für den Reitlehrer und den Fahrer, sondern auch für die Reiter? Falls nicht, erlauben Sie vielleicht Ihrem Kind die Teilnahme nur an den Veranstaltungen, zu denen Sie es selbst hinbringen können.

Wie viel Zeit kostet das Ganze? Ist es eine eintägige Veranstaltung nur eine Stunde von zu Hause oder eine zweitägige Veranstaltung?

Welche Tätigkeiten und Verantwortung übernimmt Ihr Kind dabei? Wenn Sie Ihr Kind, das noch Reitanfänger ist, zu einer Veranstaltung schicken, damit es dort etwas lernt und Spaß hat, möchten Sie nicht, dass ihm die Verant-

PFERDEVERSTAND

Als Zuschauer seinen Spaß haben

Ich habe Ihnen ein paar Dinge aufgelistet, die Ihnen das Erlebnis noch angenehmer machen:

Nehmen Sie an warmen Tagen Folgendes mit:

- Kissen für Sitze im Freien
- Ihren eigenen Klappstuhl
- Sonnenschirm
- Sonnenbrille
- einen Sonnenhut
- Kühltasche mit kalten Getränken

Und an kalten Tagen:

- Heizkissen für Sitze im Freien
- Ihren eigenen Klappstuhl (und Heizkissen)
- eine Decke für die Beine
- Handschuhe
- einen warmen Schal
- einen warmen Hut
- eine Thermoskanne mit Kaffee, Tee oder Kakao

wortung für andere Reiter seines Stalles oder Aufgaben aufgehalst werden, die eigentlich dem erwachsenen Lehrer zufallen.

Welche Aufsicht ist dort vorgesehen, und schließlich: Was wird Sie das Ganze kosten?

Wenn Sie auf alle diese Fragen eine Antwort haben, könnte sich herausstellen, dass Sie es sich nicht leisten können, Ihr Kind zu jeder Veranstaltung zu schicken. Das ist kein wirkliches Problem, aber Sie müssen es besprechen. Reitlehrer und Stallbesitzer und erst recht Ihr Kind selbst irren sich leicht, was Ihre Finanzkraft angeht. Sprechen Sie also mit Ihrem Kind über die Kosten, die mit der Teilnahme an Turnieren verbunden sind, und machen Sie zusammen mit dem Reitlehrer einen Plan. Kinder müssen verstehen, dass ihre Eltern keine Goldesel sind und dass Ihre Taschen vielleicht weniger gefüllt sind als die manch anderer Eltern.

Wenn alles gut organisiert ist und Sie selbst nicht helfen müssen oder dürfen, nutzen Sie die Gelegenheit, indem Sie sich ein Plätzchen suchen, beobachten und selbst Ihren Spaß daran haben. Treffen Sie dazu Ihre eigenen Vorbereitungen.

Neue und gebrauchte Kleidung

Kinder wachsen aus ihren Kleidern heraus, bevor diese abgetragen sind; wenn Sie immer das Neueste und Beste kaufen, kann das ein teurer Spaß werden. Abgesehen vom Sturzhelm, der aus Sicherheitsgründen neu gekauft werden muss, könnten Sie aber durchaus noch gut erhaltene Reitkleidung in Secondhandläden, über private Anzeigen in Pferdezeitschriften, auf Flohmärkten usw. zu einem Bruchteil des Neupreises erwerben.

Was ist mit praktischer Hilfe?

Sicherlich können Sie, wenn nötig, auch einmal tatkräftig mit anfassen. Die Kleinsten brauchen Hilfe beim Auskratzen der Hufe, beim Aufzäumen eines großen Pferdes und beim richtigen Auflegen des Sattels. Beobachten Sie zunächst und lassen Sie die Kinder selbst alles tun, wozu sie in der Lage sind, aber wenn sie etwas nicht ganz schaffen, greifen Sie ein, bevor sie frustriert und wütend werden.

Tun Sie das Ihrem Kind und dem Pferd zuliebe. Wenn Kinder durch zu hohe Anforderungen frustriert werden, müssen die Pferde ihren Ärger meist ausbaden. Außerdem können dann leicht Schäden entstehen: Wenn ein Kind nicht groß genug ist, um den Sattel vom Pferderücken wegzuheben, zieht es ihn herunter und kann dabei des Pferdes Wirbelsäule verletzen; oder wenn es nicht in der Lage ist, den Sattel wieder auf den Sattelhalter zu hieven, kann er zu Boden fallen und beschädigt werden.

Lernen Sie zu helfen

Wenn Sie bestmöglich mithelfen wollen, bitten Sie den Reitlehrer Ihres Kindes doch um eine Instruktionsstunde, in der Sie lernen, das Pferd zu handhaben, zu putzen, aufzuzäumen und zu satteln und die Dinge an ihren richtigen Platz zu legen. Auch wenn Sie all dies schon kennen, können Sie auf diese Weise herausfinden, wie der Reitlehrer es haben möchte und wie Ihr Kind es gelernt hat. Dann wissen Sie genau, worum es geht, wenn Ihr Kind Sie um Hilfe bittet.

Größere Kinder brauchen Ihre Hilfe weniger, sie sollten die

Eltern werden manchmal gebeten, ein Pferd einen Augenblick zu halten – wenn Sie nicht passend gekleidet sind, lehnen Sie lieber ab.

Vorbereitungen und Nachbereitungen ihrer Reitaktivitäten selbst oder mit Hilfe von Gleichaltrigen bewältigen können. Unter besonderen Umständen – z. B. in der Klinik oder bei einem Turnier – haben sie vielleicht trotzdem Hilfe nötig, und es ist besser, wenn sie dann sinnvolle Unterstützung anbieten können, indem Sie beispielsweise mit Ihrer eigenen Liste prüfen, ob Ihr Kind auch an alles Notwendige gedacht hat.

FRAGEN UND ANTWORTEN

F: Wir sind vor kurzem umgezogen und haben jetzt einen Pony-Reitstall ganz in unserer Nähe. Meine Kinder haben schon immer Pferde geliebt, und jetzt nehmen sie beide Reitunterricht. Ich hatte noch nie etwas mit Pferden zu tun, aber ich habe mich jetzt dafür eingetragen, für die nächste kleine Reitveranstaltung Süssigkeiten als Belohnung für die Kinder mitzubringen, und ich möchte auch gerne Belohnungen für die Ponys mitbringen. Was wäre denn da geeignet?

A: Eine großartige Idee. Am wenigsten Arbeit für Sie wäre es, wenn Sie einen Sack Äpfel mitbringen. Aber wenn Sie etwas Besonders tun möchten, packen Sie Karotten oder andere Leckerli in einzelne Plastiktüten für jeden. Die Kinder wären begeistert und die Ponys auch, und Sie hätten auf einmal viele zweibeinige und vierbeinige Freunde gewonnen.

F: Ich habe das Gefühl, dass ich ständig am Arbeiten bin, zur Arbeit gehe oder von der Arbeit komme und keine Zeit mehr für mich selbst und nur wenig Zeit für meine Kinder habe. Es sind brave Jungs, und sie scheinen das zu verstehen, aber ich habe ein schlechtes Gefühl, wenn ich sie nur beim Stall absetzen und später wieder abholen kann. Ich habe eine zusätzliche Arbeit angenommen, um die Reitstunden bezahlen zu können, und ich tue es gerne, weil ich meine Jungen liebe und sie ihren Reitunterricht lieben. Aber ich fühle mich abseits, wenn sie erzählen: »Martha (die Reitlehrerin) sagt dies«, und: »Martha sagt das.« Manchmal habe ich das Gefühl, sie stehen ihrer Reitlehrerin näher als mir. Ich weiß, dass ich nicht so denken sollte, und ich mag Martha auch gern und habe Hochachtung vor ihrem Können und ihren Fähigkeiten. Sie ist gut für die Kinder, aber es bekümmert mich trotzdem. Sie scheint ihnen wichtiger zu sein als ich.

A: Es ist nicht einfach, die Arbeit, die Kinder und ihre Freizeitaktivitäten unter einen Hut zu bekommen. Es ist auch keine Kleinigkeit, zusätzlich Arbeit anzunehmen, um sich Extras für die Kinder leisten zu können. Sie haben das geschafft – meine Hochachtung; Sie sind anscheinend eine disziplinierte Arbeiterin und eine gute Mutter.

Versuchen Sie, die Dinge im richtigen Blickwinkel zu sehen. Niemand kann Ihnen den Platz als Mutter Ihrer Jungen wegnehmen. Ihre Kinder wissen, dass Sie hart dafür arbeiten, um ihnen diese Reitstunden zu ermöglichen, und sie werden das mit zunehmendem Alter immer mehr zu würdigen wissen, je mehr sie das Leben kennen lernen. Wenn sie zu Ihnen ins Auto steigen und sofort von Martha erzählen, bedeutet das nicht, dass sie Ihren Platz einnimmt, sondern dass Ihre Jungen ihre Freude und ihre Erlebnisse mit Ihnen teilen möchten.

Reitlehrer nehmen im Leben ihrer kindlichen Schüler eine zentrale Stellung ein; erstens haben sie Pferde und können reiten, weswegen man sie bewundern muss; zweitens unterrichten sie die Kinder in etwas, was diese gerne lernen wollen; und drittens unterrichten sie jeden einzeln, kümmern sich um jedes Kind einzeln und schenken ihm ihre Aufmerksamkeit.

Wer, abgesehen von Ihnen, kann denn Ihren Kindern

PFERDEVERSTAND

Grundregeln für den Umgang mit Pferden

Gehen Sie nie leise an ein Pferd heran – sprechen Sie mit ihm, bevor Sie es berühren und berühren, sie es, bevor Sie hinter es oder um es herumgehen. Pferde sind Fluchttiere bzw. Beutetiere, und sie fliehen oder verteidigen sich instinktiv, wenn man sie erschreckt (auch wenn sie einen Menschen schon lange kennen). Sie gehen durch oder machen einen Sprung, oder sie schlagen aus. Sprechen Sie ruhig und sanft, bewegen Sie sich ruhig. Wenn Sie das Pferd berühren, tun Sie das weder so schüchtern, dass es kitzelt, noch mit einem so festen Schlag, dass es erschrickt, sondern streicheln Sie es ruhig und fest, am besten zuerst die linke Halsseite vor der Schulter (die meisten Pferde sind es gewöhnt, dass man von links an sie herangeht). Stehen Sie auch nicht direkt vor dem Pferd: Dort ist der tote Bereich seines Blickfelds, und es kann Sie nicht sehen. Ebenso direkt hinter dem Pferd. Es könnte rückwärts auf Sie treten oder ausschlagen, wenn es erschrickt.

Wenn Sie dicht bei einem Pferd stehen, denken sie daran, dass es seine eigenen Füsse nicht sehen kann und Sie deshalb selbst aufpassen müssen, dass es nicht auf Ihre Füsse tritt. Nähern Sie sich deshalb nie einem Pferd, wenn Sie nur Sandalen tragen oder gar barfüßig sind. Robuste Stiefel sind immer das Beste.

Wenn Sie ein Pferd halten, stehen Sie an seiner linken Schulter und halten den Führstrick mit beiden Händen, die eine etwa 30 cm unter seinem Kinn, die andere hält den zusammengelegten Rest des Stricks, aber niemals in einer engen Schlinge um die Hand gewunden.

Wenn Sie ein Pferd führen, gehen Sie neben seiner linken Schulter und halten den Führstrick wie oben mit der rechten Hand kurz und den Rest in der Linken; halten Sie es sich, wenn nötig, mit dem rechten Unterarm an seiner Schulter auf Distanz, damit es Ihnen nicht auf die Füße tritt.

Wenn Ihr Kind Ihnen sein gesatteltes Pferd kurz zum Halten gibt, achten Sie darauf, dass Sie die Zügel genau wie den Führstrick halten, und achten Sie auch darauf, dass die Steigbügel nicht unten an ihrem Riemen hängen, sondern hinaufgeschoben sind, denn sonst könnten sie bei einer plötzlichen Bewegung gegen das Pferd schlagen und es erschrecken.

> Wenn Sie einem Pferd eine Belohnung geben – ein Stück Zucker, einen Apfel oder eine Karotte – halten Sie es ihm auf der flachen ausgestreckten Hand mit aneinander liegenden Fingern hin, damit das Pferd, das Ihre Hand unter seinem Maul nicht sehen kann, Ihre Finger nicht für einen Snack hält.

schon regelmäßig einzeln Aufmerksamkeit schenken? Natürlich die Großeltern, aber meistens sind die auch nicht jede Woche oder gar jeden Tag da. Die Lehrer in der Schule wohl kaum, dazu sind die Schulklassen viel zu groß.

Es kommt noch etwas anderes hinzu: Reitlehrer bringen den Kindern nicht nur den Umgang mit einem Toaster oder irgendeiner Maschine bei, sondern mit einem großen, lebendigen Wesen. Das erleben die meisten Kinder nur selten, und es bedeutet ihnen viel.

Sie haben Glück, dass es in Ihrer Welt eine »Martha« gibt. Kein Kind kann je zu viel Zuwendung von Erwachsenen in seinem Leben bekommen. Martha ist Ihre Freundin und Verbündete und keineswegs eine Konkurrentin. Sie schenkt Ihren Kindern ihre Aufmerksamkeit und den Unterricht, den sie brauchen, aber *Sie* selbst sind es, die das alles ermöglicht. Und das werden Ihre Kiner nie vergessen, und Sie sollten das auch nicht.

9

Ein eigenes Pferd: kaufen oder nicht kaufen

Irgendwann kommt dieser Moment – Sie ahnten es schon vom ersten Tag an, als Ihr Kind entdeckte, dass Pferde das A und O in seinem Leben sind. Sagen Sie nicht zu schnell »Ja«, und haben Sie kein schlechtes Gewissen, wenn Sie »Später« oder »Nein« sagen. Ein eigenes Pferd zu besitzen, ist eine Verantwortung, die ein Kind erst schrittweise lernen muss; ein eigenes Pferd zu besitzen, ist etwas Besonderes, das ein Kind sich erst verdienen muss.

Mein Kind sagt, es sei jetzt so weit für ein eigenes Pferd – stimmt das?

Es ist einfach nicht jedem pferdeverrückten Kind möglich, ein eigenes Pferd zu haben, und in vielen Fällen ist das auch gar nicht notwendig. Lassen Sie sich nicht durch Schuldgefühle zu einer falschen Entscheidung verleiten. Wenn Sie Schuldgefühle haben, weil Sie über eine Stunde fahren müssen, um Ihr Kind zu seiner wöchentlichen Reitstunde zu bringen, weil Sie ihm nicht erlauben, den ganzen Tag im Stall »herumzuhängen« oder weil Sie nicht immer die Zeit haben, es zu zusätzlichen Treffen und Veranstaltungen zu fahren, dann rücken Sie Ihre Sicht der Dinge doch wieder einmal gerade: Sie sind keine schlechten Eltern, nur weil Sie Ihrem Kind kein eigenes Pferd schenken können, damit es jeden Tag reiten kann. Sie sind im Gegenteil liebenswerte Eltern, weil Sie es Ihrem Kind ermöglichen, mit Pferden zu tun zu haben und reiten zu lernen.

Erster Schritt: Reitunterricht

Auch wenn Sie sich leicht ein Pferd und dessen Unterhalt leisten könnten, kaufen Sie nicht gleich eines. Ihr Kind muss erst mindestens ein Jahr lang Reitunterricht nehmen. In dieser Zeit kann es die erforderlichen Kenntnisse und Fähigkeiten entwickeln und prüfen, ob es wirklich ein ausreichendes Interesse und Verantwortungsgefühl hat. Wenn das der Fall ist, wird es diese Zeit nützen, um so viel wie möglich über Reiten und Pferde zu lernen. Und Sie können diese Zeit nützen, um zu beobachten, wie sich Ihr Kind entwickelt, wie wichtig ihm Pferde wirklich sind, und Sie können prüfen, ob es wirklich praktikabel für Sie ist, ein eigenes Pferd zu besitzen.

Zu viele Aktivitäten. Manche Kinder werden gute Reiter und haben viel Freude an Pferden, sind aber durch andere Aktivitäten und Interessen wie Schule, Sport, Musik und sonstige Freizeitgestaltungen so sehr in Anspruch genommen, dass ihnen nicht mehr jeden Tag die nötige Zeit für ein Pferd übrig bleibt. Wenn dann trotzdem noch die Verantwortung für ein Pferd dazukommt, wird das Kind schnell überfordert. Das Ende vom Lied ist, dass das Pferd wieder verkauft werden muss.

»Mamas Pferd«. In anderen Fällen übernehmen es die Eltern hin und wieder oder auch ständig, sich um das Pferd zu kümmern. Genau wie das Hündchen irgendwann »Mamas Hund« wird, wenn die Schule es dem Kind unmöglich macht, den Zeitplan fürs Gassigehen und Füttern einzuhalten, kann aus dem Pferd »Mamas Pferd« werden, wenn es hinterm Haus gehalten wird, oder es kann sehr teuer werden, wenn es in einem Einstellerstall untergebracht ist und dort Extradienste in Anspruch genommen werden müssen. Bedenken sie diese Dinge und bürden Sie sich nicht zu schnell diese Verantwortung auf.

Zweiter Schritt:
Reitbeteiligung an einem Privatpferd

Wenn Ihr Kind nach einem oder mehr Jahren Reitunterricht ein guter kleiner Reiter geworden und immer noch verrückt nach Pferden ist, sollte als nächster Schritt noch kein eigenes Pferd, sondern erst einmal eine Reitbeteiligung in Betracht gezogen werden. Mit Hilfe des Reitlehrers können Sie sich nach einem Privatpferd in diesem Stall umsehen, dessen Reiter vielleicht nicht genug Zeit hat, um selbst jeden Tag zu reiten und gerne noch einen zweiten Reiter für sein Pferd hätte.

Was bedeutet »Reitbeteiligung«? Eine Reitbeteiligung an einem Pferd bedeutet, dass man gegen eine Beteiligung an den laufenden Unkosten (meistens die Hälfte der Einstellkosten) dieses Pferd zwei- bis dreimal pro Woche zur Verfügung hat. Das ist eine gute Methode, auszuprobieren, wie es ist, wenn man selbst ein Pferd hat. Für den Unterricht bekommt man in manchen Ställen ein bereits gesatteltes und gezäumtes

Pferd vorgeführt. Ein Privatpferd, an dem man eine Reitbeteiligung hat, muss man hingegen selbst putzen, zäumen und satteln und nach dem Reiten absatteln, trocken reiben und zurück in den Stall oder auf die Weide bringen. Man muss sich praktisch darum kümmern, als wäre es das eigene.

Das kann genug sein … oder auch nicht. Vielen Kindern genügt es, wenn sie so oft reiten können. Die Beteiligung gibt ihnen die Gelegenheit, ein bestimmtes Pferd richtig kennen zu lernen, und es macht ihnen Freude, sich mehrmals in der Woche um »ihr« Tier zu kümmern, es zu putzen und zu reiten. Wenn Ihrem Kind das genügt: meinen Glückwunsch. Es ist im Allgemeinen nicht schwer, eine Reitbeteiligung an einem passenden Pferd zu finden. Wenn es Ihrem Kind nicht genügt und es auch nach einigen Monaten Reitbeteiligung immer noch jeden Tag reiten will, können Sie als nächsten Schritt erwägen, eine Vollbeteiligung zu suchen.

Dritter Schritt: Vollbeteiligung an einem Privatpferd

Wieder mit Hilfe des Reitlehrers Ihres Vertrauens sollte es auch möglich sein, ein passendes Pferd zu finden, dessen Besitzer aus irgendwelchen Gründen überhaupt nicht zum Reiten kommt und daher jemand sucht, der sich an seiner Stelle um das Pferd kümmert. Sie sind dann vollkommen für das Pferd verantwortlich, sorgen für regelmäßiges Beschlagen und Entwurmen und ggf. auch für die notwendige medizinische Versorgung.

Wenn Sie erst einmal ein halbes oder ein ganzes Jahr lang ein solches Privatpferd in Ihrer Obhut hatten, haben Sie eine genaue Vorstellung davon, wie viel Zeit und Geld mit einem eigenen Pferd verbunden sind. Und erst wenn feststeht, dass Sie die nötige Zeit erübrigen können, dass die Kosten Sie nicht zu sehr belasten und dass Ihr Kind in der Lage ist, die Verpflichtungen gegenüber dem Tier neben allen sonstigen schulischen und anderen Aktivitäten zu erfüllen, dann ist der Zeitpunkt gekommen, an die Anschaffung eines eigenen Pferdes zu denken.

FRAGEN UND ANTWORTEN

F: Meine Tochter ist dreizehn Jahre alt. Sie hat seit drei Jahren Reitunterricht, und letztes Jahr schlossen wir dann für sie eine Vollbeteiligung an einem Pferd ab. Sie mag das Pferd, aber sie tut nie etwas mit ihm, holt es noch nicht einmal aus dem Stall. Es wird nicht vernachlässigt, denn in dem Unterhalt, den ich bezahle, ist neben Ausmisten der Box auch täglicher Koppelgang enthalten, aber ich habe nicht das Gefühl, dass dieses Pferd, das ganz zu ihrer Verfügung steht, ihr irgendetwas bringt.

Jetzt bekniet meine Tochter mich und meinen Mann, wir sollten ihr ein eigenes Pferd schenken. Ich bin aber nicht so sicher, ob das richtig ist. Sie geht noch zu ihrer allwöchentlichen Reitstunde, aber dazwischen reitet sie nie, und sie geht überhaupt nur an den Unterrichtstagen zum Stall. Diese Vollbeteiligung ist also hinausgeworfenes Geld. Wenn sie die Beteiligung verlängern wollte, würde ich wahrscheinlich Nein sagen.

Sie sagt, sie würde jeden Tag in den Stall gehen und viel mehr reiten, wenn sie ein eigenes Pferd hätte, und dass es einfach keinen Spaß mache, wenn das Pferd ihr nicht gehört. Ich fürchte, wenn ich ihr ein Pferd schenke, steht es nur im Stall herum und kostet Geld, und sie besucht es vielleicht einmal in der Woche. Glauben Sie, dass der Besitz eines eigenen Pferdes einen solchen Unterschied machen würde?

A: Das halte ich für sehr unwahrscheinlich. Kinder, die Pferde lieben und gerne reiten, müssen nicht dazu gedrängt werden, zum Stall zu gehen, sondern müssen eher wieder weggezerrt werden, wenn es Abendessenszeit ist. Sie lieben ein Pferd, weil es ein Pferd ist, und nicht, weil es ihr Eigentum ist, und sie nützen jede Gelegenheit zu reiten, das Pferd zu waschen, das Sattelzeug zu reinigen und überhaupt alles zu tun, um in der Nähe der Pferde zu sein.

Ihre Tochter ist offensichtlich nicht sehr stark motiviert zu reiten oder in der Nähe von Pferden zu sein – vielleicht gefällt ihr einfach nur der *Gedanke* an Pferde oder der *Gedanke*, ein Pferd zu besitzen. Aber das ist kein Grund, ein Pferd zu kaufen.

Führen Sie ein ausführliches Gespräch mit dem Reitlehrer und versuchen Sie herauszufinden, was sich seit dem ersten Unterrichtsjahr geändert hat. Möglicherweise hat sich gar nichts geändert, und ihrer Tochter gefallen ihre Reitstunden weiterhin, aber einmal Reiten in der Woche genügt ihr. Möglicherweise könnten Sie den Vertrag für das Pferd in Ihrer Obhut auslaufen lassen, ohne dass sich an den Reitgewohnheiten Ihrer Tochter das Geringste ändert. Vielleicht würde es ihr aber auch besser gefallen, zweimal in der Woche zum Reitunterricht zu gehen und dafür kein Pferd zu haben, um das sie sich kümmern soll.

Schenken Sie auf alle Fälle niemandem ein Pferd, der

Wer kann Ihr Kind besser kennen als Sie: Wenn es schon das ganze Zimmer voller unbenützter Sportutensilien hat, wird es dann wirklich ein eigenes Pferd ernster nehmen?

sein Pflegepferd weder reitet noch sich überhaupt darum kümmert. Und wenn Sie Ihrer Tochter gegenüber so etwas äußern wie: »Du bekommst kein eigenes Pferd, wenn du nicht mal das Pflegepferd jeden Tag reitest«, machen Sie sich darauf gefasst, dass das für eine oder zwei Wochen eine plötzliche ungewöhnliche Aktivität auslöst, die aber nach kurzer Zeit wieder abflauen kann. Warten Sie deswegen erst einmal ab, wie die Situation nach einem oder zwei Monaten aussieht.

Es ist wichtig, dass Sie Ihr Kind richtig einschätzen. Manche beißen sich an einem Gedanken oder Vorhaben fest und lassen nicht mehr locker, andere lassen sich kurzzeitig von etwas begeistern, verlieren aber bald das Interesse und versuchen etwas anderes. Die Kindheit ist die Zeit, in der man immer wieder neue Dinge kennen lernt und ausprobiert und herausfindet, welche kurzzeitig Spaß und welche dauerhaft Freude machen. Dabei liegt der Unterschied weniger an den verschiedenen Betätigungen selbst als daran, mit wie viel Energie und Ausdauer man an sie herangeht.

Sehen Sie sich im Hobbykeller und im Zimmer Ihrer Tochter um. Wenn Sie lauter Utensilien für sportliche, künstlerische und sonstige Aktivitäten finden, die jetzt nur noch herumliegen, dann versuchen Sie sich zu erinnern, wie sehr sie sich all das damals gewünscht hat und wie schnell sie das Interesse daran verloren hat. Sie müssen nicht unbedingt jedem Interesse, das Ihre Tochter äußert, nachgeben. Vor allem sollte es nicht gleich etwas sein, was ein Maximum an Verpflichtung bedeutet, wie ein eigenes Pferd.

F: Meine Tochter ist zwölf. Sie hat seit drei Jahren Reitunterricht und zeigt keinerlei Anzeichen von schwindendem Interesse, im Gegenteil. Aber sie scheint überhaupt nichts für Turniere übrig zu haben. Sie reitet und pflegt stundenlang die Pferde im Stall ihrer Reitlehrerin, und ich fand sie öfter als einmal in einer Box oder auf der Wiese bei einem Pferd sitzen und mit ihm sprechen.

Als sie in der Grundschule war, hatte sie einen Fantasiefreund, wie das wahrscheinlich bei vielen Kindern ist, aber ihr Freund war ein Pferd. Ich ließ sie Reitunterricht nehmen, weil ich dachte, ein echtes Pferd wäre besser als ein Pferd in der Fantasie, und ich dachte auch, dass sich ihre Pferdebesessenheit vielleicht verlieren würde, wenn sie genügend Zeit mit echten verbringen könnte.

Das war offensichtlich ein Irrtum. Was mich aber verunsichert ist, dass sie gar nicht den Wunsch hat, sich vorzuführen. Ihre Reitlehrerin sagt: »Manche Kinder wollen das nicht«, aber ist das wirklich normal für einen Reiter? Schließlich verbringt sie praktisch ihre ganze Zeit mit Pferden. Sie schleppt schwere Heuballen, schrubbt Wassereimer und hilft beim Ausmisten, und sie hilft auch dem Tierarzt, wenn er Wunden näht oder Zähne raspelt, aber sie will sich auf keinen Fall schick anziehen und zu einem Turnier gehen. Wäre das Gegenteil nicht normaler?

A: Ich halte ihre Tochter für ganz normal und außerdem für eine gute Anwärterin auf ein eigenes Pferd. Das Turnierreiten und Sich-Vorführen ist völlig unwichtig, solange der Reiter es nicht selbst will und es ihm Freude macht. Wichtig ist das Sich-Kümmern um Pferde, denn Pferde brauchen Aufmerksamkeit, Bewegung, eine saubere Einstreu, Wasser, Futter und wenn nötig medizinische Versorgung.

Reiter sind nicht automatisch auch gute Pferdeleute, die sich wirklich um ihre Pferde kümmern. Ihre Tochter ist vielleicht eine gute Reiterin, auf alle Fälle aber ist sie offensichtlich eine kleine »Pferdefachfrau«, was viel wichtiger ist. Sie erledigt schon jetzt alle notwendigen Arbeiten und zeigt, dass sie nicht vor der Verantwortung oder vor der Alltagsroutine zurückschreckt, die ein eigenes Pferd mit sich bringt. Warum also ihr nicht die Freude machen, ein eigenes Pferd zu haben?

10

Die Kosten für ein eigenes Pferd

Die Einschätzung und Planung der Kosten für die Pferdehaltung sollte vor, nicht nach dem Kauf eines Pferdes stattfinden. Rechnen Sie, noch während Sie eine Vollbeteiligung für Ihr Kind finanzieren, sämtliche Kosten zusammen, die mit diesem Pferd verbunden sind, dann haben Sie eine relativ gute Vorstellung von dem, was mit einem eigenen Pferd monatlich auf Sie zukommt. Abgesehen vom Kaufpreis und der Grundausrüstung lassen sich die Kosten für Pferdehaltung zum größten Teil in vorhersehbare Posten einteilen.

Pferdehaltungskosten

Monatlich

- Boxmiete (Leerbox)
- Ausmisten und Füttern
- Zusatzfutter
- Koppelgang
- Pflege des Pferdes

Monatlich bis zweimonatlich

- Hufschmied

Alle drei Monate

- Entwurmungskur

Alle sechs Monate

- Impfungen
- tierärztliche Routineuntersuchungen
- evtl. Raspeln der Zähne

Was noch hinzukommt

Hinzu kommen Ausrüstung und Kleidung, unvorhersehbare Tierarztkosten bei Verletzungen oder Krankheiten und die Kosten für Reitstunden, Unterricht, evtl. Ausbildung des Pferdes, Klinikaufenthalte, Transporte, Turnieranmeldungen usw.

Auch bei den festen monatlichen oder zweimonatlichen Kosten kann es große Unterschiede geben. Wenn das Pferd Ihres Kindes »barfuß« geht, d. h. unbeschlagen, zahlen Sie dem Hufschmied eine viel kleinere Summe für das bloße Ausschneiden der Hufe, als wenn das Pferd einen Beschlag oder gar einen therapeutischen Beschlag braucht. Auch kommt Sie ein »leichtfutteriges« Pferd, das mit der Grundfütterung des Stalles auskommt, billiger als eines, das Zusatzfuttermittel oder Spezialfutter braucht.

Grobe Schätzung der Kosten

Schon die Grundpreise in Einstellerställen schwanken je nach Exklusivität und Stadtnähe des Stalls sehr stark. Sie können beim Einstell-Grundpreis (Box, Ausmisten und Futter) je nach Lage des Stalls mit 300 DM bis 800 DM rechnen. Bei den wenigsten Ställen ist im Grundpreis auch Koppelgang enthalten. Bei manchen wird das Zur-Koppel-Führen extra berechnet, andere wieder bieten diesen Dienst gar nicht an, dort müssen sich die Einsteller untereinander organisieren und gegenseitig ihre Pferde auf die Koppel bringen. In den meisten Ställen muss auch die Koppelbenutzung extra bezahlt werden. Manche Ställe bieten die Möglichkeit, dass man bei einer Reduzierung des Grundpreises die Box seines Pferdes selbst ausmistet. Allerdings muss man dann für Tage oder Urlaubswochen, in denen man nicht da ist, Vorkehrungen treffen.

Ein Hufbeschlag mit Hufeisen kostet heute 150 DM bis 250 DM, bloßes Ausschneiden der Hufe ca. 50 DM. Die Entwurmungspaste kostet ca. 30 DM, und für Reitunterricht wird je nach Stall und Reitlehrer ab ca. 25 DM bis zu ca. 60 DM für Einzelunterricht verlangt.

Kosten für die Ausrüstung

Für einen guten gebrauchten Sattel, wenn Sie an einen herankommen können, müssen Sie mit 800 DM bis 1500 DM rechnen. Ein neuer kostet mindestens 2000 DM, und für Spitzenmarken kann man auch 3000 DM bis 4000 DM hinlegen. Ein hochwertiger Zaum kostet Sie um die 200 DM und das Gebiss dann noch einmal 50 DM bis 150 DM. Dazu kommt eine Grundausrüstung zum Handhaben und Pflegen des Pferdes (Halfter, Führstrick, Putzkasten mit Striegel, Bürsten, Hufauskratzer und Schwamm; eventuell eine Stalldecke), für die Sie noch einmal grob geschätzt 150 DM rechnen müssen.

Der Kaufpreis für das Pferd fällt bei dieser Rechnung gar nicht so sehr ins Gewicht. Die eigentliche Belastung ist die,

PFERDEVERSTAND

Ihre Liste an regelmäßigen Überweisungen
Der Kaufpreis für ein Pferd mag Ihnen hoch erscheinen, aber er ist eine einmalige Ausgabe. Die Kosten für die Pferdehaltung hingegen fallen regelmäßig an und sollten daher vorher geplant werden. Stellen Sie sich also darauf ein, an eine ganze Reihe von Leuten regelmäßige Überweisungen zu tätigen:

- an den Reitstall (Boxenmiete)
- an den Hufschmied (fürs Beschlagen)
- an den Tierarzt (Impfungen und sonstige Behandlungen)
- an den Reitlehrer (Reitunterricht)
- an den Reitsportladen (Reit- und Pflegeutensilien und Kleidung)
- evtl. Mitgliedsgebühren an einen Reitverein
- evtl. Turnieranmeldegebühren usw.

die das Pferd dann laufend verursacht, und dabei kann ein schlechtes, billig erworbenes Pferd teurer kommen, einfach weil es vielleicht mehr Futter zum Aufpäppeln, ärztliche Betreuung zum Gesundpflegen, Beritt, um es für Ihr Kind reitbar zu machen, Hufschmiedkosten zum Korrigieren vernachlässigter Hufe usw. nötig macht. Wenn es lahmt, haben Sie dann die Zeit, zwei- oder dreimal pro Tag zum Stall zu fahren und seine Kühlbandagen zu wechseln und es im Schritt zu führen? Wenn Sie das nicht selbst tun können, haben Sie jemand an der Hand, der das zuverlässig für Sie besorgt? Können Sie eventuell auch dessen Zeitaufwand bezahlen?

Wenn all diese Dinge keine Hindernisse sind, dann gratuliere ich Ihnen, dann sind Sie wirklich in der Lage, ein Pferd zu kaufen! Ihr Kind wird begeistert sein.

Ich möchte Ihnen nicht ausreden, ein Pferd zu kaufen, sondern nur erreichen, dass Sie sich vorher gut überlegen, was das für Sie alles mit sich bringt. Es ist fast vergleichbar damit, ein Baby zu haben, das man versorgen muss – das beansprucht jeden einzelnen Tag im Jahr mehrere Stunden des Sich-Kümmerns, egal wie man sich fühlt oder was man sonst vorhat.

Das Pferd Ihres Kindes kann plötzlich Ihr Pferd werden

Wie alt ist Ihr Kind? Wenn es noch ein kleiner Teeny ist, bedeutet eine Vollbeteiligung oder ein eigenes Pferd, dass Sie oder sonst jemand Ihr Kind jeden Tag zum Stall fahren und später wieder abholen muss. Ist es schon 18 Jahre alt, können Sie ihm als Alternative auch Ihr Auto oder eine eigene »Kiste« zur Verfügung stellen. In diesem Alter steht schon das Studium oder eine andere Ausbildung kurz bevor, sodass erst

PFERDEVERSTAND

Ein »Schnupper«-Pferd vor dem ersten eigenen
Wenn Sie eigentlich gerne ein eigenes Pferd hätten, den Schritt aber noch nicht wagen, versuchen Sie es zuerst eine Zeit lang sozusagen mit einem »Schnupper«-Pferd, d. h. mit einer Reitbeteiligung oder einer Vollbeteiligung. Dabei lernen Sie viel über sich selbst und über den tatsächlichen Aufwand an Geld, Zeit und Arbeit, ohne aber die letztendliche Verantwortung für das Pferd am Hals zu haben. Viele Pferdebesitzer merken, dass sie nicht genug Zeit für ihr Pferd haben, und würden sich gerne das Reiten, Kümmern und die Kosten mit jemand anderem teilen. Das heißt, je nach Vereinbarung mit dem Stallbesitzer oder dem Pferdebesitzer (immer schriftlich) können Sie ein passendes Privatpferd zwei- oder dreimal pro Woche reiten, wenn Sie dafür an diesen Tagen die Box ausmisten oder sich um das Pferd kümmern; oder sie können gegen Übernahme der gesamten Stallkosten auch ein Pferd ganz in Ihre Obhut nehmen, wenn der Besitzer gar keine Zeit hat. Es gibt alle möglichen unterschiedlichen Vereinbarungen.

einmal keine Zeit mehr für das Pferd übrig bleibt. Das heisst, dass das Pferd Ihres wird, wenn Sie oder Ihr Kind oder der Reitlehrer nicht jemanden finden, der selbst eine Reitbeteiligung oder Vollbeteiligung daran haben möchte. Diese Vereinbarungen sind aber oft nicht sehr dauerhaft; wenn also Ihr Kind sein Pferd nicht verkaufen, sondern nach dem Studium wieder übernehmen will, haben sie es in der Zwischenzeit am Hals. Sie müssen also diesen Kostenfaktor einplanen, und außerdem ist es wichtig, dass Sie das Pferd auch gern mögen.

FRAGEN UND ANTWORTEN

F: Bevor ich meinem Kind ein Pferd schenke, möchte ich absolut sicher sein, dass ich es mir auch leisten kann, egal was passiert. Ich hatte selbst mit zwölf Jahren ein Jahr lang ein Pferd, und dann mussten wir es verkaufen, weil seine Haltung mehr kostete, als meine Eltern gedacht hatten. Ich trauerte ihm jahrelang nach, und das möchte ich meinem Kind nicht antun. Wie kann ich sichergehen, dass das nicht passiert?

A: Sie können nicht in die Zukunft sehen – Unfälle, Notfälle, Krankheiten, berufliche Wechsel und vieles mehr kann es Ihnen plötzlich unmöglich machen, ein Pferd weiter zu halten. Abgesehen von diesen Dingen kann man natürlich ziemlich genau einschätzen, welche Kosten die Pferdehaltung ungefähr verursacht.

Die einfachste Methode ist, ein paar nahe gelegene Reitställe zu besuchen, und wenn Ihnen einer oder mehrere gefallen, dort nach den Einstellpreisen zu fragen. Erkundigen

Sie sich auch genau nach den Leistungen, die im Grundpreis enthalten sind, und fragen Sie nach den zusätzlichen Kosten. Haben Sie die Gesamtsumme errechnet, runden Sie sie auf (nicht ab), eröffnen Sie ein getrenntes Sparkonto und beginnen Sie, den erforderlichen Betrag monatlich auf dieses Konto zu überweisen.

Fragen Sie sich nach sechs Monaten oder noch besser nach einem Jahr, ob es leicht oder mühsam für Sie war, ohne diesen Betrag auszukommen. Wenn die ehrliche Antwort »mühsam« lautet, dann können Sie es sich nicht leisten, ein Pferd zu halten. Wenn die Antwort »leicht« lautet, dann können Sie es, und außerdem haben Sie bereits ein »Sicherheitspolster« für besondere Fälle, in denen sofort außer der Reihe Geld benötigt wird – und das kann mit Pferden immer passieren.

F: Meine Familie hat zwei Pferde, die in einem Reitstall ungefähr zwölf Kilometer von hier entfernt eingestellt sind. Es gibt dort ein paar Koppeln, aber sie sind nicht sehr groß. Wir sind nicht sehr glücklich mit diesem Zustand, weil wir der Meinung sind, dass man Pferde so artgerecht wie möglich halten sollte. Wir möchten unsere Pferde lieber im Freien auf Wiesen halten und sind gerade dabei, das zu verwirklichen.

Vor einem Monat haben wir ein Haus auf dem Land gekauft. Es hat eine große eingezäunte Weidefläche, auf der früher Vieh gehalten wurde. Die Umzäunung besteht aus Stacheldraht, und ich weiß, dass das schlecht ist, aber die Weide ist wirklich sehr groß, und die Pferde hätten keinen Grund, dem Draht nahe zu kommen. Wir haben vor, den Stacheldraht nach und nach durch eine geeignetere Umzäunung zu ersetzen, vielleicht durch Flachband-Stahlseile (ohne Stacheln). Meine Frage lautet: Wie sicher wäre es, wenn wir die Pferde bald nach Hause holen und die eingesparte Boxmiete für den neuen Zaun verwenden? Wenn wir erst den neuen Zaun bauen müssen, wird es eine ganze Zeit dauern, bis wir die Pferde holen können. Wenn wir es zuerst mit dem Stacheldraht riskieren (der Stück für Stück ersetzt wird), können wir die Pferde gleich nach Hause holen und haben sie in unserer Obhut.

A: Gehen Sie auf Nummer sicher und haben Sie Geduld. Tauschen Sie erst den gesamten Stacheldraht aus, bevor Sie irgendein Pferd dort unterbringen. Auch wenn es bedeutet, dass Sie Ihre Pferde vielleicht noch ein halbes Jahr lang auswärts einstellen müssen, wird Sie das weniger kosten als der Tierarzt, wenn sich Ihre Pferde in dem Stacheldraht verfangen. Denn selbst wenn Sie die Umzäunung schon bis auf ein paar Meter ganz hinten hinter den Bäumen ersetzt haben, garantiere ich Ihnen, dass Pferde auf dieser Weide diese Stelle mit Stacheldraht sofort finden und sich daran verletzen.

Verwenden Sie auch keine Stahlseile, außer sie sind in gut sichtbaren Kunststoffstreifen eingebettet. Diese Stahlseile sind für Pferde das Zweitgefährlichste, weil sie sie nicht richtig sehen, und wenn sie zwischen zwei Pfosten durch die Seile laufen, werden sie von diesen zerschnitten wie ein Ei von einem Eierschneider.

Die Material- und Arbeitskosten für Zäune können Sie planen, die Tierarztkosten aber nicht, und Sie werden sich schrecklich fühlen, wenn Sie schuld daran sind, dass Ihre Pferde sich verletzen. Tun Sie das weder Ihren Pferden noch sich selbst an.

F: Meine drei Kinder haben jetzt jeder ein Pferd, und da wir vor einem halben Jahr ein Häuschen mit einem schönen Stall und zwei Weiden von meinem Vater geerbt haben, wäre es unpraktisch, die Pferde weiter auswärts eingestellt zu lassen, anstatt sie nach Hause zu holen.

Es wurden hier schon länger keine Tiere mehr gehalten, denn mein Vater hat sein letztes Pferd etwa fünf Jahre vor seinem Tod verkauft. Nach allem, was ich in Büchern an Auskünften fand, hat er diesen Hof aber erstklassig eingerichtet: Der Stall ist für vier Pferde hervorragend geeignet, und der Weidezaun besteht aus hohen, dicken Holzpfosten, die oben durch waagerechte Holzlatten und ansonsten durch flache Elektrobänder verbunden sind. Meiner Erinnerung nach hat er diesen Zaun vor etwa dreißig Jahren gebaut, aber er ist noch immer in sehr gutem Zustand.

Ich weiß nur nicht mehr, wohin er den Mist abtransportiert hat, und deswegen wende ich mich an Sie. Wahrscheinlich hat er ihn auf die Felder gefahren, aber die gehören jetzt nicht mehr zum Hof und sind zum Teil schon Bauland; wir werden schnell ein Problem mit dem Mist bekommen, wenn wir die Pferde auf der Weide lassen, und wenn sie im Stall sind, müssen wir uns auch etwas einfallen lassen. Haben Sie Vorschläge?

A: Bei drei Pferden und täglich zwanzig Kilo Mist pro Pferd werden Sie schnell Probleme haben. Sie müssen mit einem Bauern eine Vereinbarung treffen (vielleicht mit dem, der die Felder zum Teil gekauft hat), dass er Ihren Mist in regelmäßigen Abständen abholt, ablagert und unterackert. Die Zwischenlagerung müssen Sie selbst übernehmen. Erkundigen Sie sich bei ortsansässigen Bauern, der Gemeinde und den zuständigen Behörden, wie Sie den Misthaufen anlegen müssen, damit er nicht das Grundwasser verseucht. Sie können auch Kompostierwürmer einsetzen, um den Mist möglichst schnell umzuwandeln und den Haufen so klein wie möglich zu halten. Suchen Sie einen geeigneten Platz für den Haufen, damit die Belästigung durch Fliegen für Mensch und Tier möglichst gering bleibt. Bedenken Sie beim Kauf der Einstreu: Bauern und Gärtnereien können nur Strohmist auf Feldern und Beeten als Düngung verarbeiten. Sägmehlmist, auch wenn er umgewandelt in Humus ist, übersäuert die Böden.

11

Der Pferdekauf: Worauf zu achten ist

Sie haben wahrscheinlich auch schon gehört, dass Pferde in manchen Jahreszeiten billiger zu haben sind als in anderen, z. B. im Herbst, und das mag damit zusammenhängen, dass mehr Pferde angeboten werden, weil zum Winter hin die Pferdehaltung ungemütlicher, aufwendiger und damit teurer und das Reiten schwieriger oder unmöglich wird, oder auch weil die Kinder dann auf die Uni oder zu einer anderen Ausbildungsstätte gehen und sich nicht mehr um ihr Pferd kümmern können, usw.

Wann und warum man ein Pferd kauft

Viele Pferde werden auf dem Wege persönlicher Bekanntschaften verkauft, oder weil es »gerade eine günstige Gelegenheit« ist. Sie sollten sich aber von solchen Bedingungen nicht vorschnell zu etwas verleiten lassen, was Sie später bereuen.

Wenn Ihr Kind das Interesse verliert oder zu viele schulische oder sonstige Verpflichtungen hat, müssen *Sie* einspringen, sich selbst um das Pferd kümmern oder jemanden finden, der es als Reitbeteiligung übernimmt. Erinnern Sie sich noch, wie lange es dauerte, bis das süße, kleine Hündchen *Ihr* Hund wurde?

Der Reitlehrer Ihres Kindes kann Ihnen sicher dabei behilflich sein, ein passendes Pferd zu finden. Vielleicht finden Sie auch alleine ein schönes und liebes Pferd, aber lassen Sie in jedem Fall eine tierärztliche Ankaufsuntersuchung machen, denn Sie sehen schließlich nicht in das Tier hinein, ob seine Knochen, seine Sehnen, seine Lunge usw. in Ordnung sind.

Suchen Sie nach einem für Ihr Kind passenden Pferd

Machen Sie sich vorher klar, was Sie oder Ihr Kind in reiterlicher Hinsicht vorhaben: Wanderritte? Jagden reiten? Springen? Dressur? – Je genauer Sie wissen, was Sie tun möchten und wie viel Zeit und Energie Sie dafür haben, desto besser kann Ihnen auch der Reitlehrer und der Tierarzt helfen.

Suchen Sie nach einem älteren, erfahrenen Pferd

Mit einem gut gehaltenen, gut erzogenen und gerittenen Pferd von ca. neun bis fünfzehn Jahren als erstes eigenes Pferd sind

BÜCHER

Das erste eigene Pferd
Ratgeber für angehende Pferdebesitzer, der alle Probleme aufzeigt, denen sich künftige Pferdebesitzer stellen müssen (Gabriele Vallenthin, Verlag Müller Rüschlikon).

Sie gut beraten. Solche Pferde sind »Professoren«, sie bringen einem unerfahrenen Reiter vieles bei, wenn er ein bisschen aufmerksam ist. Wenn Sie Ihrem Kind gleich ein junges, unerfahrenes Tier schenken, das eigentlich einen erfahrenen Reiter und Ausbilder bräuchte, haben Sie – und das Pferd – nichts als Probleme. Und falls Ihnen ein sehr junges Pferd, das »viel kann«, angeboten wird, können Sie sicher sein, dass es zu früh und zu schnell angeritten und ausgebildet wurde und dadurch schon manche Schädigungen durch Überbelastung erlitten hat. Diese Pferde sind dann meistens in wenigen Jahren »platt«.

Bevor Sie Pferde anschauen

Bevor Sie sich ernsthaft nach einem Pferd umsehen, erledigen Sie erst Ihre Hausaufgaben: Bemühen Sie sich, mit Hilfe von Büchern ein Grundlagenwissen über Pferde und ihren Körperbau, ihre Gangarten und ihren Bewegungsapparat, häufig auftretende Leiden und Verletzungen und über ihre Haltung zu erwerben.

Es gibt auch Bücher über die verschiedensten Ausbildungs- und Reitweisen. Machen Sie sich im Interesse Ihres Kindes besonders über die Reitweise, die es gerne praktizieren möchte, kundig. Das hilft Ihnen zu verstehen, welche Art von Pferd Ihr Kind braucht. Und lesen Sie auf alle Fälle auch etwas über Dressur, auch wenn Ihr Kind Western reiten will, denn Dressur ist mehr als eine Reitweise, sie ist eine nützliche Grundlage für alle Pferde und Reiter und ermöglicht eine klare Verständigung zwischen den beiden.

Dinge, auf die es ankommt

Wenn Sie ein Pferd kaufen, hängt der Kaufpreis von einigen Dingen ab, auf die es ankommt. Das Alter, die Erfahrung, die Erziehung und die Gesundheit des Pferdes sind wichtige Faktoren, und Sie müssen ein Pferd finden, bei dem alle diese Faktoren in einer handhabbaren (nicht unbedingt perfekten) Kombination vorhanden sind.

Auf das Alter und die Erfahrung des Pferdes kommt es sehr stark an. Kaufen Sie bitte für Ihr Kind kein junges Pferd, wie lieb und brav und talentiert es auch sein mag. Ihr Kind muss noch viel lernen, auch wenn es schon jahrelang reitet. Ein junges Pferd braucht einen älteren, erfahrenen Reiter; ein junger Reiter braucht ein älteres, erfahrenes Pferd.

Man denke sich ein einfaches Punktesystem, und das funktioniert so: Pferd und Reiter zusammen müssen genügend Ausbildung und Erfahrung haben, um einen ganzen Punkt verbuchen zu können.

Ein älterer, sehr erfahrener Reiter hat einen Punkt und könnte daher mit einem jungen Pferd zurechtkommen, das noch keinen Punkt hat. Ein junger, relativ unerfahrener Reiter hat einen Bruchteil eines Punkts und braucht daher ein Pferd, das einen ganzen Punkt hat: ein älteres, gut ausgebildetes, erfahrenes Tier.

Ein Reiter, der mehrere Jahre lang guten Unterricht und viele Reitstunden hinter sich hat, hat sich einen halben Punkt erworben und könnte mit Unterstützung des Reitlehrers auch mit einem Pferd zurechtkommen, das nur wenige Jahre lang ausgebildet und geritten wurde und deswegen auch nur einen halben Punkt hat.

Ein erfahrener Reiter käme mit einem erfahrenen Pferd

wunderbar zurecht – sie kämen zusammen auf zwei Punkte. Auf der anderen Seite hätte ein unerfahrener Reiter mit einem unerfahrenen Pferd insgesamt null Punkte ... verstehen Sie, was ich meine?

Dinge, auf die es nicht ankommt

Es gibt auch Faktoren, auf die es nicht ankommt, die aber trotzdem Auswirkungen auf den Preis haben. Einer davon ist die Farbe. Wenn die Farbe eines Pferdes oder die Art seiner Abzeichen gerade in Mode sind, wird es teurer angeboten als ein ansonsten gleichwertiges Tier, das eine andere Farbe oder keine Abzeichen hat.

Die Größe. Die Größe eines Pferdes wirkt sich auch auf seinen Preis aus. Viele Käufer sind so sehr auf große Pferde aus, dass sie Pferde unter einem bestimmten Stockmaß gar nicht erst ansehen. Das ist ein großer Fehler, aber er könnte zu Ihrem Vorteil sein. Wenn in Ihrer Gegend niemand ein Pferd will, das unter 1,58 m Stockmaß hat, könnten Sie ein sehr gutes, braves, gesundes, gut ausgebildetes Pferd, das nur 1,52 m groß ist, zu einem günstigen Preis finden.

Der Bauch des Pferdes und die Beine Ihres Kindes. Beim Pferd-Reiter-Verhältnis kommt es nicht auf die Höhe des Pferdes an, sondern auf die Breite seines Rumpfs und auf die Beinlänge des Reiters: Solange Ihr Kind bequem und in einer Haltung auf dem Pferd sitzt, in der es die Hilfen korrekt geben kann, ist es völlig egal, ob das Pferd 1,60 m oder 1,42 m hoch ist.

Ein Pferd wie dieses wäre das Richtige für Sie. Wenn es dem Reitlehrer Ihres Kindes gefällt und der Tierarzt es für gesund befindet, kaufen Sie es.

Die Rasse und Züchtung. Schließlich wird der Preis auch dadurch beeinflusst, ob das Pferd ein eingetragenes Rassetier mit Papieren ist oder nicht, aber das sollte für Sie und Ihr Kind eigentlich unwichtig sein, außer Sie möchten auf Zuchtschauen gehen. Für das alltägliche Reiten und auch für die Teilnahme an Turnieren ist es egal, ob das Pferd ein Warmblut, ein Reitpony, ein Araber oder ein Vollblut ist.

Es kann eine Kreuzung mit oder ohne Papiere sein; es kann auch ein »Kind der Liebe«, ein ungeplantes Zufallsprodukt sein; wichtig ist nur, dass es gesund und bei allen reiterlichen Vorhaben Ihres Kindes angenehm zu reiten ist.

Es gibt viele gute Rassen und Züchtungen, und es kann von Vorteil sein, diese so weit kennen zu lernen, dass man diejenige heraussuchen kann, die sich physisch und vom Temperament her am besten für ein Kind eignen. Aber solange man nicht speziell auf Zuchtschauen auftreten will, sollte man sich eigentlich weniger auf eine bestimmte Rasse konzentrieren und lieber mehr auf individuelle Tiere.

Geschlecht und Preis. Auch das Geschlecht beeinflusst den Preis: Sie sollten einen Wallach oder eine Stute kaufen, keinen Hengst. Stuten kosten meistens mehr als Wallache, weil sie noch eine zweite Möglichkeit bieten. Manche Leute kaufen eben lieber Stuten, weil sie meinen, es wäre nett, von der Stute noch ein Fohlen zu bekommen, wenn sie nicht mehr geritten werden kann. Da es sich für den durchschnittlichen Pferdebesitzer nicht gerade anbietet, zu züchten und ein Fohlen aufzuziehen, vor allem, wenn er sein Pferd in einem Einstellstall stehen hat, gibt es eigentlich keinen besonderen Grund, eine Stute zu kaufen. Das heißt nicht, dass Sie, wenn Sie bei Ihrer Suche auf eine Stute stoßen, die Ihnen gut gefällt, sie trotzdem ablehnen sollen, aber seien Sie sich dessen bewusst, dass sie aufgrund ihres Geschlechts wahrscheinlich mehr kostet als ein ebenso attraktiver (und wahrscheinlich ruhigerer und zuverlässigerer) Wallach.

Wallache sind meist ausgeglichener, ruhiger, sie vergeben Fehler leichter, sind weniger empfindlich als Stuten und eignen sich daher besonders als erstes Pferd, zweites Pferd, drittes Pferd …

Hengste mit ihren hormonbedingten »Hengstmanieren« sind auf keinen Fall als erstes Pferd für ein Kind geeignet. Sie brauchen eine erfahrene, feste Hand, damit sie kein Sicherheitsrisiko darstellen, sie brauchen besonders hengstsichere Umzäunungen und Boxen, und man kann sie auf viele Veranstaltungen und Turniere nicht mitnehmen. Lassen Sie also die Finger davon.

Notwendige Kompromisse

Wenn Sie ein Pferd für einen jungen Reiter suchen und, wie es sich gehört, darauf bestehen, dass das Pferd einen Punkt haben soll, werden Sie irgendwo Kompromisse schließen müssen. Erfahrene, talentierte, gesunde Pferde, die dabei noch relativ jung sind, sind selten und sehr teuer. Das bedeutet, dass man Abstriche machen muss; aber welche?

Erfahrung bedeutet, dass das Pferd ein gewisses Alter hat, und dann ist meist auch die Gesundheit in irgendeinem Punkt nicht mehr vollkommen. Vollkommene Gesundheit und viel Talent findet man meist bei jungen Pferden oder bei sehr teuren und nicht mehr ganz so jungen Pferden.

Das Stichwort, das Sie mit dem Tierarzt und mit dem Reitlehrer besprechen sollten, heißt »handhabbare gesundheitliche Mängel«. Das hört sich schlimm an, aber es bedeutet vielleicht nur, dass das Pferd Ihres Kindes keinen Renngalopp

»Edler Hengst, wild und frei aufgewachsen« – davon mag Ihr Kind träumen, aber es wäre nicht das richtige Pferd.

mehr gehen sollte oder keine hohen Hindernisse mehr überspringen soll, wenn er Ihrem Kind noch für viele Jahre zum Reiten zur Verfügung stehen soll.

Es kann heißen, dass das Pferd mit vernünftigem Reiten, sorgfältiger Pflege und regelmäßigem therapeutischen Beschlag gesund bleibt. Es kann heißen, dass sich bereits Arthritis bemerkbar macht, dass aber mit langen Aufwärmphasen zu Beginn des Reitens und mit regelmäßigen Einspritzen von Gelenkschmiermitteln dieses Pferd noch viele Jahre lang für Ihr Kind da sein kann. Ein Pferd mit handhabbaren gesundheitlichen Mängeln ist absolut nicht das Gleiche wie ein Pferd, das krank ist. Wenn Sie im Zweifel sind, fragen Sie den Tierarzt um Rat – und halten Sie sich daran.

FRAGEN UND ANTWORTEN

F: Wir haben vor, meiner vierzehnjährigen Tochter ein Pferd zu schenken. Sie hatte im letzten Sommer einen starken Wachstumsschub und ist jetzt 1,65 m groß. Ich glaube aber nicht, dass sie noch viel größer wird. Das Pferd, das sie letzten Sommer ritt, hat etwa 1,50 m Stockmaß, und gegen Ende des Sommers wurde sie zu groß; ihre Füße hingen weit unter seiner Bauchlinie. Jetzt glaubt sie fest, dass sie ein Pferd mit mindestens 1,60 m Stockmaß braucht und sieht sich alles, was kleiner ist, gar nicht erst an. Ich möchte ihr natürlich kein Pferd schenken, das für sie zu klein ist, aber mir ist auch aufgefallen, dass alle Pferde mit 1,60 m Stockmaß und mehr viel teurer angeboten werden als die etwas kleineren. Braucht sie wirklich ein Pferd mit mindestens 1,60 m Stockmaß, und falls nicht, wie kann ich ihr das beibringen?

A: Sie sind da auf etwas gestoßen: Tatsächlich wird für große Pferde mehr Geld verlangt. Es gibt eine große Nachfrage nach großen und sehr großen Pferden, besonders für Jagdspringen und Dressur. Obwohl auch oft kleine Pferde gewinnen, sind viele Reiter davon überzeugt, dass ein Pferd umso mehr leistet, je größer es ist. Wenn Ihre Tochter Turniere reitet, kann das ein Grund für ihren Wunsch nach einem großen Pferd sein.

Die Größe ist eigentlich kein Vorteil für das Pferd – kleinere Pferde sind aber leichter zu handhaben, passen besser in normale Boxen und Pferdehänger und bleiben meistens länger gesund. Große Pferde springen deswegen noch lange nicht höher, denn sie haben viel mehr Gewicht zu tragen.

Wichtig ist, dass Pferd und Reiter zusammenpassen, aber das ist nicht unbedingt eine Frage des Stockmaßes. Ihre Tochter braucht ein Pferd, auf dem sie bequem sitzen kann und dessen Rumpf breit genug gebaut ist, dass ihre Beine in ihrer gesamten Länge anliegen. Bitten Sie doch den Reitlehrer Ihrer Tochter darum, dass er sie auf einigen verschieden gebauten Pferden sitzen lässt, damit sie herausfinden kann, auf welcher Art Pferd sie sich am wohlsten fühlt.

Ihre Tochter muss begreifen, dass auch ein Pferd mit 1,70 m Stockmaß so schmal gebaut sein kann, dass ihre Füsse unter seiner Bauchlinie hängen. Ein anderes Pferd dagegen könnte mit nur 1,50 m Größe einen so kräftigen Brustkasten und breiten Rippenbogen haben, dass ihre Beine in ihrer ganzen Länge anliegen. Ich glaube, wenn sie sich auf einige Pferde setzen und die Unterschiede selbst ausprobieren darf, sieht sie eher ein, dass sie sich ruhig auch Pferde zwischen 1,50 m und 1,60 m ansehen sollte.

F: Meine Tochter ist zwölf Jahre alt und sehr schwer. In den meisten Sportarten ist sie nicht gut, obwohl ihre Bewegungen zu Hause gut koordiniert und ausbalanciert sind; ich weiß nicht, warum ihr das bei anderen Aktivitäten nicht hilft. Sie will nicht mehr zum Schwimmen gehen, weil sie keinen Badeanzug anziehen mag. Sie wurde auf eine Diät gesetzt, aber der Arzt meint, man sollte es damit nicht übertreiben und lieber sollte sie essen, was ihr schmeckt, und sich dafür mehr bewegen. Der einzige Sport, der meine Heather interessiert, ist aber Reiten. Wir schenkten ihr ein Jahr lang Reitunterricht, und sie stellte sich erstaunlich geschickt an. Jetzt möchte sie ein eigenes Pferd, damit sie jeden Tag reiten kann. Ist Reiten denn für dicke Menschen ein guter Sport? Kann es ihr helfen abzunehmen, wenn sie jeden Tag reitet? Und welche Art von Pferd wäre für eine Reiterin wie Heather am geeignetsten?

A: Zum Glück drängen weder Sie noch der Arzt Ihre Tochter zu einer strengen Diät. Konzentrieren Sie sich lieber darauf, ihr ein gesundes Leben zu bieten, denn darauf kommt es an. Viel zu viele Mädchen in Heathers Alter leiden unter ständigem Heißhunger oder unter Appetitlosigkeit. Vielleicht steht Heather auch kurz vor einem Wachstumsschub und/oder der Pubertät; auf alle Fälle ist sie noch im Wachsen. Sie muss ihre Gesundheit und ihr Selbstvertrauen stärken, und für beides ist der beste Weg, aktiver zu werden.

Reiten ist ein guter Sport für jeden, dem es Spaß macht, und ganz besonders gut für Kinder wie Heather. Unterstützen Sie sie darin. Sicher gibt es andere Sportarten, mit denen sie schneller fit werden könnte, aber auf Dauer wird sie einen Sport aktiv nur betreiben, wenn er ihr wirklich gefällt, und nur dauerhafte Betätigung kann ihre Gesundheit und ihr Selbstbewusstsein stabilisieren. Dicke Menschen können sehr wohl gute Reiter sein. Wie bei jeder anderen Betätigung auch, führen nur gleichbleibendes Interesse, Wille und Ausdauer zum Erfolg.

Tun Sie sich mit Heathers Reitlehrerin zusammen – sie kann Ihnen bei der Suche nach dem richtigen Pferd helfen. Sie müssen sich auch klar machen, nach welchem Pferdetyp Sie suchen sollten: nach einem stabilen, starken, kompakten Pferd, das mit dem Gewicht des Reiters keine Probleme hat. Große, schmale Pferde sind nicht unbedingt gute Gewichtsträger; kleinere, kräftig gebaute Tiere sind da viel geeigneter.

Wenn Sie ein kompaktes Morgan-Pferd des alten Typs oder auch einen nicht zu sehr arabisierten Haflinger finden könnten, wäre das ideal. Wenn Ihre Tochter gern im Westernstil reitet, wäre auch ein stabiles, nicht vollblütiges Westernpferd – ein Quarter oder ein Paint – geeignet.

F: Mein Sohn ist neun Jahre alt und wir (die Reitlehrerin Sarah, mein Mann und ich) sind uns einig, dass er ein eigenes Pferd bekommen soll. Wir konnten uns aber nicht darüber einigen, welche Art Pferd wir kaufen sollen. Brian ist klein für sein Alter, und wir meinen, dass ein Pony besser für ihn wäre. Sarah möchte nach einem Kleinpferd suchen, aber ein Kleinpferd ist um einiges größer als das, was meinem Mann und mir vorschwebt. Wir dachten, dass ein kleines Pony in der Größe besser zu Brian passen würde; er könnte es besser kontrollieren und würde sich dann sicherer fühlen. Sarah stimmt da nicht zu, und als wir das letzte Mal darüber sprachen, meinte sie, dass sie für Brian ein kleines Pony nicht für gut halte, weil sie es dann nicht reiten könnte. Das verstehe ich nicht. Wir wollen doch für Brian ein Pony kaufen, nicht für Sarah. Sarah hat sowieso einen Haufen Pferde zum Reiten. Wie können wir da eine Lösung finden? Sarah ist eine gute Reitlehrerin und Brian mag sie sehr gerne, aber die Vorstellung, dass wir ein Pferd kaufen sollen, damit sie es reitet, hat uns etwas vor den Kopf gestoßen.

A: Hier liegt eigentlich nur ein Missverständnis vor. Sie haben nicht verstanden, was Sarah eigentlich sagen wollte. Ich will es Ihnen ausführlicher erklären. Wenn Sie das verstanden haben, sprechen Sie noch einmal mit Sarah.

Es erscheint logisch und selbstverständlich, dass ein sehr kleiner Junge besser mit einem sehr kleinen Pony zurechtkommt. Ich verstehe sehr wohl, warum Sie das denken – aber Sie haben nicht Recht.

Ein gut ausgebildetes kleines Pony macht sich in jedem Stall gut und eignet sich wunderbar für ein kleines Kind. Aber – und das ist ein sehr nachdrückliches Aber – das Schlüsselwort ist hier nicht »klein«, sondern »gut ausgebildet«. Ein Pony, das nicht gut ausgebildet ist, lässt sich von seinem Reiter nicht so einfach kontrollieren, und wenn der Reiter ein kleines Kind ist, das das Reiten erst lernt, und das Pony sich dem Kind dabei ständig widersetzt, kann das Kind dadurch Angst bekommen.

Es genügt nicht, ein gut ausgebildetes Pony oder Pferd zu kaufen; die Ausbildung des Tieres muss weitergeführt werden. Jedes Pferd oder Pony, das nur von einem einzigen Reiter geritten wird, erreicht über kurz oder lang das Niveau dieses Reiters – oder fällt auf dessen Niveau zurück.

Mit anderen Worten, das gut ausgebildete Pony oder Pferd bleibt nicht auf seinem Ausbildungs- und Erziehungsstand, wenn es ausschließlich von einem kleinen Kind geritten wird, das das Reiten erst lernt. Das ist der Grund, warum Sarah meinte, Sie sollten ein Tier kaufen, das auch sie reiten kann. Wenn sie Brians Pony regelmäßig reitet und es an seine Ausbildung und Erziehung erinnert, wird Brian in der Lage sein, es zu reiten, sein Können zu verbessern und den dem Pony entsprechenden Stand zu erreichen, anstatt das Pony auf seinen eigenen, niedrigen Ausbildungsstand herabzuziehen.

Wenn Sie ein Pony kaufen, das für Sarah zu klein ist, dann wird sich sein Ausbildungsstand unvermeidlich immer mehr verschlechtern, bis Sie ein schlecht gerittenes kleines Pony und damit eine Gefahrenquelle für Ihren Sohn haben. Dabei kann er auch weder etwas lernen noch sein Selbstbewusstsein entwickeln – mit einem größeren Pony oder einem Kleinpferd wäre er wirklich besser dran.

Wenn Ihnen die Größe so sehr am Herzen liegt und Sie höchstens etwas um die 1,30 m Stockmaß haben möchten, können Sie neben einem mittelgroßen Deutschen Reitpony auch einen Haflinger in Betracht ziehen. Diese beliebten Kleinpferde können ohne weiteres Erwachsene tragen und sind wahre Familienpferde. – Auf alle Fälle müssen Sie dabei mit Sarah zusammenarbeiten, und das bedeutet auch, dass Sie, wenn Sie sich von ihr durch irgendetwas vor den Kopf gestoßen fühlen, lächeln und sagen: »Das verstehe ich nicht, bitte erklären Sie mir, was Sie meinen.« Schließlich geht es Ihnen allen doch nur darum, ein Pferd oder Pony zu finden, auf dem Brian so reiten lernen kann, dass es ihm Spaß macht.

12

Der Pferdekauf: Wo soll man suchen?

Der einfachste und nächstliegende Weg, um anzufangen, sind die Anzeigen. Fangen Sie mit Ihrer Tageszeitung und mit allem, was Ihnen an lokalen Anzeigenblättern ins Haus flattert, an. Wenn Ihr Kind Pferdezeitschriften bezieht, sehen Sie dort unter den entsprechenden Rubriken nach. Und es gibt in Deutschland ein monatlich erscheinendes Magazin mit dem Namen *Pferdemarkt*, das zum größten Teil voller privater Pferdeverkaufsanzeigen ist, die nach einem einheitlichen Schema eine Fotografie und die wichtigsten Angaben über das angebotene Pferd sowie Adresse und Telefonnummer des Verkäufers enthalten. Hier finden Sie ein breites Angebot an Pferden aller Rassen.

Auf der Suche nach einem Pferd

Wenn Ihr Kind in einem Reitverein ist, sehen Sie auch dort an der Pinnwand und in den Rundschreiben nach und werfen Sie einen Blick auf die Pinnwände des Reitstalls, des Reitsportladens usw. Fragen Sie den Tierarzt und den Hufschmied – den Reitlehrer Ihres Kindes sollten Sie als Ersten schon gebeten haben, sich nach einem passenden Pferd umzuhören.

Lassen Sie sich vom Reitlehrer helfen

Wenn Sie auf der Suche nach einem passenden Pferd sind, kann Ihnen Ihr Reitlehrer mehr helfen als jeder andere: Er kennt die anderen Reitställe in der Gegend, die Pferdebesitzer und die meisten Pferde; und er kennt Ihr Kind und dessen Fähigkeiten, Talente und Persönlichkeit genau. Er weiß, wie es im Reitunterricht mit seinem Beteiligungspferd zurechtgekommen ist und welch Art Pferd ideal für Ihr Kind wäre.

Und da er dann Ihr Kind mit seinem neuen Pferd unterrichten wird, hat auch er ein starkes Interesse daran, dass das Pferd brauchbar ist. Wenn Sie bezweifeln, dass dem Reitlehrer ein guter Unterricht am Herzen liegt, müssen Sie sich erst einen anderen suchen und dann das neue Pferd.

Besser ist es, wenn Sie zuerst mit dem Reitlehrer sprechen.

In Verkaufsanzeigen bedeutet »... wird mal ein gutes ...«, dass das Pferd noch nichts kann, was es auch immer sei. So kann ein Pferd, das »mal ein gutes Springpferd wird«, nicht springen, ein Pferd, das »mal ein gutes Dressurpferd wird«, hat vielleicht beim Springtraining versagt, ein Pferd, das »mal ein gutes Rennpferd wird«, lässt sich nach einem Sprung nicht anhalten, und ein Pferd, das »mal ein gutes Wanderreitpferd wird«, ist zu klein und schmächtig, um zu springen. Meistens werden Pferde in den Anzeigen auch größer gemacht, als sie sind.

»In gutem Zustand« kann heißen »extrem fett«, und »topfit« bedeutet womöglich »extremes Untergewicht«. »Englisch und Western geritten« bedeutet oft, dass der Besitzer nur eine ungefähre Vorstellung von diesen Reitstilen hat. Solche Pferde sind im allgemeinen sehr brave Tiere, die losmarschieren, anhalten oder umdrehen, egal wie sie gezäumt sind und wen sie an Bord haben – das ist für gemütliches Spazierenreiten sicher sehr angenehm, aber wundern Sie sich nicht, wenn Ihr Reitlehrer weniger begeistert ist.

»Großes Potential« ist wie »wird mal …« und heißt »kann es noch nicht, aber wer weiß, vielleicht eines Tages …«. »Sensibel« und »temperamentvoll« sind Warnungen, keine Lobpreisungen. Wahrscheinlich tanzt das Pferd bei jedem Anlaß auf den Hinterbeinen umher. »Ruhig und brav« kann heißen, dass sich dieses Pferd im Dauerschlaf befindet.

»Von Kind geritten« hört sich gut an, denn Sie wollen ja ein Pferd für Ihr Kind, aber dazu müssen Sie sich erst das Pferd samt Kind ansehen. Pferde werden nicht unbedingt besser, wenn sie von Kindern geritten werden, besonders wenn das ohne Aufsicht geschieht. Glauben Sie bei jeder Anzeige nur die Hälfte, rufen Sie bei den Interessantesten an, vertrauen Sie Ihrem Gefühl, wenn Ihnen ein Tonfall oder eine Antwort nicht gefällt, und lassen Sie sich Zeit. Wenn Sie mit so viel Hilfe, wie Sie bekommen können, ein Pferd gefunden haben,

PFERDEVERSTAND

Pferdeverkaufsanzeigen lesen
Manche Begriffe bedeuten nicht das, was Sie sich dabei denken, und in der Mehrzahl der Fälle hat die Beschreibung in der Anzeige wenig mit dem wirklichen Pferd zu tun. Leute, die Pferde verkaufen, kommen leicht ins Schwärmen …

das das Richtige sein könnte, sehen Sie es sich ein zweites Mal an, bitten Sie dann den Reitlehrer, es auszuprobieren, und lassen Sie dann Ihr Kind es ausprobieren. Wenn Sie dann noch immer überzeugt sind, lassen Sie den Tierarzt eine Ankaufsuntersuchung machen.

Fragen Sie den Besitzer des Pferdes aus

Sprechen Sie mit dem derzeitigen Besitzer des Pferdes und finden Sie so viel wie möglich über die Geschichte, Gewohnheiten, Fähigkeiten, Vorlieben und Abneigungen dieses Pferdes heraus. Wenn Sie das Gefühl haben, Sie sollten das Pferd nicht kaufen, dann lassen Sie es bleiben. Es ist hundertmal einfacher, nach einem anderen Pferd zu suchen, als zu versuchen, ein Pferd wieder zu verkaufen, das sich als doch nicht geeignet herausstellt, das Ihr Kind aber inzwischen heiß liebt.

Ställe und Höfe besuchen

Sehen Sie sich zuerst einmal in Ihrer eigenen Gegend um, das hat mehrere Vorteile. Ihr Reitlehrer kennt vielleicht das Pferd schon, und Sie können es sich problemlos mehrmals ansehen, bevor Sie sich entscheiden. Sie können auch die Ankaufsuntersuchung leichter von Ihrem eigenen Tierarzt vornehmen lassen.

Seien Sie nicht aufdringlich

Sehen Sie sich nur die Pferde näher an, die Sie wirklich interessieren, und lassen Sie sich ein Pferd erst vorreiten oder probieren Sie es selbst, wenn Sie starkes Interesse haben. Wenn Sie aber nach fünf Minuten wissen, dass das Pferd zu alt, zu jung, zu unerfahren, zu krank oder für Ihre Zwecke nicht richtig gebaut ist, bedanken Sie sich und gehen Sie. Der Pferdebesitzer hat seine Zeit auch nicht gestohlen, und er möchte sein Pferd verkaufen und nicht den ganzen Tag herumstehen und Schwätzchen halten oder nur zum Spaß alle möglichen Kinder umsonst auf seinem Pony reiten lassen.

Die Auswahl einengen

Wenn Sie alle Pinnwände in den Reitställen und Reitsportläden in Ihrer Umgebung, alle Anzeigen in den Zeitungen und in den einschlägigen Pferdezeitschriften durchgegangen sind, streichen Sie alles, was für Ihr Kind nicht in Frage kommt, und vereinbaren Sie für die paar in Frage kommenden Pferde einen Besuchstermin. Wenn Ihrem Kind irgendwelche davon besonders gut gefallen, planen Sie einen nochmaligen Besuch und streichen Sie die anderen. Damit sollten Sie die Auswahl auf zwei oder drei Pferde eingeschränkt haben.

Jetzt ist der Zeitpunkt gekommen, dass Sie den Reitlehrer Ihres Kindes bitten, gegen ein Entgelt die Pferde auszuprobieren, die Ihrem Kind am besten gefallen.

Wie man ein Pferd ausprobiert

Das Ausprobieren von Pferden sollte folgendermaßen ablaufen: Zuerst sollte das Pferd von seinem Besitzer oder Reiter vorgeritten werden, und Sie beobachten es genau. Manchmal genügt das schon, um sich gegen das Pferd zu entscheiden. Wenn das Pferd Ihrem Kind und Ihrem Reitlehrer immer noch gefällt, bitten Sie den Reitlehrer, es zu reiten und einzuschätzen, wie es sich für Ihr Kind eignet. Wenn dann der Reitlehrer meint, dass es geeignet sei, dass es wirklich alles kann, was es können soll, und dass es wohl auch das tun wird, was Ihr Kind von ihm will, dann ist der Zeitpunkt für Ihr Kind gekommen, selbst einen Versuch zu machen.

Was tun, wenn das Pferd Ihnen allen gefällt

Wenn alles gut geht und alle der Meinung sind, dass Ihr Kind mit diesem speziellen Pferd gut zurechtkommt, ist es angebracht, mit einem Tierarzt Ihres Vertrauens eine Ankaufsuntersuchung zu vereinbaren. Fragen Sie ihn, welche Untersuchungen dazugehören und wie viel es kosten wird. Dann können Sie unter dem Vorbehalt, dass das Tier die Untersuchung besteht, den Kaufvertrag abschließen und schließlich den Transport zu Ihrem Mietstall organisieren.

FRAGE UND ANTWORT

F: Ich möchte meinem Sohn ein Pferd schenken. Er ist elf und hat seit zwei Jahren Reitunterricht. Ich habe ihm versprochen, dass er irgendwann sein eigenes Pferd bekommt, und da wir gerade umgezogen sind und er hier noch keine neuen Freunde hat, dachte ich, jetzt wäre der richtige Zeitpunkt für ein Pferd. Eine Freundin von mir, die auch reitet, empfahl mir jemanden, den sie kennt. Ich wollte dort schon anrufen, da hörte ich von einer anderen Freundin, dass das ein Profi-Pferdehändler ist.

Haben Pferdehändler nicht einen sehr schlechten Ruf, etwa so wie Gebrauchtwagenhändler? Ich habe kein gutes Gefühl dabei, aber ich möchte auch meine Freundin nicht verletzen, die ihn mir empfohlen hat. Außerdem weiß ich keine andere Quelle, um Pferde zu finden. Wenn wir uns seine Pferde ansehen, auf welche Verkaufstricks sollen wir uns gefasst machen? Wären wir nicht besser dran, wenn wir in Reitställen oder Einstellerställen nach privat angebotenen Pferden suchen?

A: Wenn Sie wirklich glauben, dass dieser Händler unehrlich ist und seine Verkaufspferde so vorstellt, wie sie nicht wirklich sind, gehen Sie lieber gar nicht erst hin. Selbst wenn Sie ein Pferd finden, das Ihnen gefällt, werden Sie damit wahrscheinlich nicht froh, denn auch wenn es in zwei Jahren lahm geht, wird Ihr erster Gedanke sein, dass der Händler Ihnen etwas verschwiegen hat, auch wenn er absolut ehrlich war und das Pferd beim Kauf gesund war.

Ein guter Pferdehändler legt Wert darauf, dass seine Kunden zufrieden sind und ihn weiterempfehlen, und nicht auf unehrliche Geschäfte, bei denen ihm ständig unzufriedene Kunden Pferde mit Mängeln zurückbringen, um sie gegen andere, genauso schlechte, einzutauschen. Natürlich gibt es auch unehrliche Pferdehändler, aber es gibt auch unehrliche Pferdebesitzer in Reitställen oder Einstellerställen, die Ihnen ein Pferd mit versteckten Mängeln verkaufen. Sie können niemandem Unehrlichkeit oder Ehrlichkeit unterstellen, solange Sie keinen Beweis für das eine oder andere haben.

Ich glaube aber, dass Sie überhaupt anders mit Ihrer momentanen Situation umgehen sollten, indem Sie Ihr Kind zunächst wieder Reitstunden nehmen lassen. Die braucht er sowieso, mit oder ohne eigenem Pferd. Wenn Sie sich die Ställe in Ihrer Umgebung ansehen, lernen Sie Menschen kennen. Und wenn Sie einen guten Reitlehrer für Kinder gefunden haben, haben Sie in ihm auch eine gute Hilfe bei Ihrer Suche nach dem passenden Pferd, und Ihr Sohn bekommt die Möglichkeit, bei Pferden zu sein, zu reiten und andere Kinder seines Alters kennen zu lernen, die wie er Interesse an Pferden haben.

Wenn Sie beide sich erst einmal in Ihrem neuen Heim eingewöhnt haben, wenn Sie mehrere Reiter und Reitlehrer und auch die Ställe, Pferde, Tierärzte und Hufschmiede in Ihrer neuen Umgebung kennen, wenn Ihr Sohn dort Freunde gefunden hat, die reiten, und Sie Freunde gefunden haben, deren Kinder reiten, dann haben Sie einen viel besseren Ausgangspunkt, um ein geeignetes Pferd zu finden. Vielleicht besuchen Sie am Ende sogar den gleichen Pferdehändler, aber dann nicht mehr mit einem schlechten Gefühl, weil ihn vielleicht mehrere Leute empfohlen haben, die Sie inzwischen kennen und schätzen.

13

Pferde hinter dem Haus

Auch wenn Sie Grund besitzen und Ihr Kind Sie drängt, Ihr Pferd zu Hause zu halten, sollten Sie es für die ersten ein bis zwei Jahre lieber in einem Einstellerstall unterbringen.

Sollen wir unser Pferd zu Hause halten?

Es gibt nichts Schöneres, als eigene Pferde zu haben und sie selbst zu versorgen. Aber überstürzen Sie nichts. Wenn das Neuland für Sie ist, lassen Sie sich und Ihrer Familie wenigstens ein paar Jahre Zeit, bis Sie es selbst mit der Pferdehaltung versuchen.

Warum ein Einstellerstall zu Anfang besser ist

Ein guter Einstellerstall ist in den ersten Jahren, bis Sie genug Erfahrung und Wissen gesammelt haben, in vieler Hinsicht sicherer und geeigneter.

Dort sind andere Leute, die Ihnen helfen, ihre Erfahrungen mit Ihnen teilen, von denen Sie viel lernen können. Dort kommen regelmäßig Hufschmiede zum Beschlagen und Tierärzte für die alljährlichen Impfungen und sonstige ärztliche Versorgung. Auch haben Sie dort Kontakt zu anderen Reitern, was vor allem für Ihr Kind wichtig ist und was Sie ihm zu Hause nicht bieten können.

Es gibt unermesslich viel für Sie über Pferde und Pferdehaltung zu lernen, und um Ihrer eigenen Sicherheit, der Ihres Kindes und des Pferdes willen sollten Sie viel Zeit dort verbringen, wo Sie das Grundsätzliche und die praktische Seite der Pferdehaltung lernen können. Auch wenn Sie Ihr Pferd in einem Einstellerstall untergebracht haben, bleibt immer noch einiges an täglicher Betreuung für Sie übrig – die Arbeit im Stall und die Pflege des Pferdes, es eventuell zur Koppel bringen und abends noch einmal die Box abmisten, Hufe aufheben für den Hufschmied usw. – darum müssen Sie sich zuverlässig kümmern, und doch ist es noch nichts im Vergleich zu der Arbeit, die Sie haben, wenn Sie Ihr Pferd zu Hause halten.

Wer ist zu Hause für die Arbeit zuständig?

Werden Sie Ihr Pferd in einem Stall mit Paddock halten? Gut. Dann muss jemand die Zeit haben, jeden Tag diesen Stall und den Paddock auszumisten, das Pferd zu putzen, auf die Weide zu lassen, zu füttern und eventuell zu tränken, Futterkasten und Tränkebecken sauber zu halten – und das ist alles, solange das Pferd gesund und unverletzt ist und das Wetter gut ist.

Haben Sie auch noch die zusätzliche Zeit, wenn das Pferd zwei- oder dreimal täglich einen neuen Verband oder ein Medikament braucht oder im Schritt geführt werden muss? Und was ist im Winter? Es dauert alles viel länger, wenn Sie einen Pfad zum Stall freischaufeln und den Schubkarren mit Mist durch den Schnee schieben müssen, sich darum kümmern müssen, dass die Tränke nicht einfriert, oder gleich aus dem Eimer tränken.

Dann müssen Sie sich um regelmäßige Hufschmied-Termine kümmern und mit Ihrem Pferd für ihn parat stehen, denn Hufschmiede haben viel zu tun und Sie können von Glück reden, wenn einer überhaupt wegen eines oder zweier Pferde zu Ihnen kommt.

Und haben Sie an Ihren Urlaub gedacht? Haben Sie jemanden, der dann zuverlässig Ihre Pferde versorgt? Können Sie auch dafür zahlen *und* sich noch einen Urlaub leisten?

Wir wollen unser Pferd auf alle Fälle zu Hause haben

In diesem Fall müssen Sie noch einiges an Hausaufgaben machen, und Sie müssen damit rechnen, dass es Sie mehr Geld kostet. Geben Sie sich nicht der Illusion hin, Sie würden Geld sparen, wenn Sie Ihr Pferd zu Hause halten. Im Endeffekt kostet Sie das mindestens genauso viel, wenn nicht mehr als in einem Einstellerstall. Wenn Sie Ihr Pferd nach Hause holen, weil Sie und Ihre Tochter sich nichts Schöneres vorstellen können, als es durch Ihr Küchenfenster sehen zu können, dann holen Sie es zu sich und haben Sie Ihre Freude daran – aber seien Sie auf alles vorbereitet!

Pferdepflege

Machen Sie sich mit Hilfe von Büchern oder in Ihrem Einstellerstall kundig, was zur Pferdepflege von A bis Z gehört.

Lassen Sie sich von Ihrem Tierarzt beraten

Ihr Tierarzt wird Ihnen gerne Auskunft geben, welche Vorsorge Sie für die Gesundheit und das Wohlbefinden Ihres Pferdes treffen müssen (Stallapotheke, Schutz gegen Insekten, usw.).

Machen Sie die Umzäunung pferdesicher

Jeglicher Draht – und vor allem Stacheldraht – sollte von Ihrem Grundstück verschwunden sein, bevor ein Pferd dort erscheint, denn an Draht können Pferde sich die übelsten Verletzungen zuziehen.

Die beste (und teuerste) Umzäumung

Die Aussicht durchs Küchenfenster.

ist natürlich ein genügend hoher Weidezaun aus massivem Holz, eventuell noch durch möglichst breite Elektrobänder gesichert. Es genügt aber auch, wenn Sie Holzpfosten setzen und zwischen diesen, an Isolatoren befestigt, zwei oder drei Reihen Elektrobänder laufen lassen. Wofür Sie sich auch entscheiden, lassen Sie Ihr Pferd auf alle Fälle so lange in Ihrem Einstellerstall, bis der Zaun, der Unterstand, die Tränke und die Weide wirklich für Ihr Pferd bereit sind.

Machen Sie die Weiden pferdesicher

Lassen Sie von einem Fachmann prüfen, welche Pflanzen auf Ihrer Wiese wachsen. Sie müssen das genau wissen, bevor Sie ein Pferd dort grasen lassen, denn Pferde reagieren mit ihrer Verdauung viel empfindlicher auf manche Pflanzen als Kühe, und es gibt Pflanzen, die giftig für sie sind. Wenn Sie zum Beispiel einen roten Ahorn oder einen Oleander auf oder direkt neben der

Die Aussicht vom Wohnzimmerfenster aus.

neuen Koppel stehen haben, müssen Sie ihn entfernen, bevor Sie Ihr Pferd dorthin lassen, denn die Blätter verursachen bei Pferden ein tödliches Versagen der Leber. In diesem Fall gibt es kein Gegenmittel und keine Hilfe.

Bauen Sie einen Unterstand

Ihr Pferd braucht irgendeinen Schutz vor Sonne, Regen und Sturm, und wenn es nur ein Unterstand mit zwei Wänden ist, der zur wettergeschützten Seite hin offen ist. Machen Sie sich kundig, was dazu nötig ist, einen Unterstand und einen Zaun zu bauen, und sprechen Sie mit Ihrem Kind darüber, um sicher zu sein, dass Sie beide die gleichen Vorstellungen haben. Wenn Sie unter Pferdehaltung zu Hause einen Schuppen und eine umzäunte Wiese verstehen, Ihr Kind aber einen Stall mit vier Boxen samt Waschplatz, Sattelkammer, Solarium, Scheinwerfern, fließend kaltem und warmem Wasser und einer Reithalle im Sinn hat, dann sprechen Sie sozusagen »nicht die gleiche Sprache«.

QUELLEN

Wenn Sie wirklich Ihr Pferd hinter dem Haus unterbringen wollen, sollten Sie nicht einfach anfangen, Bretter zusammenzunageln, sondern sich um Folgendes kümmern:

1. Plan eines Herstellers für Boxen und Stallanlagen.
2. Behördliche Baugenehmigung und Genehmigung für Misthaufen (!).
3. Beauftragen Sie einen Hersteller mit der Aufstellung einer passenden Anlage, die mit allem Nötigen ausgerüstet und stabiler ist als alles, was Sie zusammenzimmern können.

BÜCHER

Reitschule für Anfänger
Vermittelt die Grundlagen des Reitens und des Umgangs mit Pferden nach dem Motto »Reiten macht Spaß«.
(Kurt Hoffmann, Kosmos Verlag)

Das Kosmos-Buch vom Reiten
Verständliche und praxisnahe Reitlehre für Kinder und Jugendliche, Anfänger und Fortgeschrittene.
(Christiane Gohl, Kosmos Verlag, Auswahlliste Deutscher Jugendliteraturpreis)

Die Grundausstattung

Wenn Sie sich über all das einig sind, dann bauen Sie Ihren Schuppen und Ihren Weidezaun und kaufen Sie die notwendige Ausstattung. Sie brauchen: Eimer, noch mehr Eimer, Futterkübel und einen Futterkasten; einen Schubkarren (besser zwei), eine Mistgabel, eine Heugabel, eine Schaufel, einen Besen; Halfter und Führstricke. Einen Putzkasten hat Ihr Kind sicherlich schon, aber eine Hausapotheke für Menschen und eine Stallapotheke für Pferde sind unerlässlich.

FRAGEN UND ANTWORTEN

F: Meine Kinder sind jetzt beide an der Universität, und ich kümmere mich um ihre Pferde. Wir sind froh, dass wir einen Hof haben, auf dem wir sie halten können. Mein Mann und ich mögen die Pferde beide gerne, und wir kommen gut mit ihnen zurecht. Ich würde aber in der Zeit, in der die Kinder außer Haus sind, gerne etwas Geld sparen und dachte, dass wir vielleicht die Pferde weniger oft beschlagen lassen könnten, weil sie ja auch nicht geritten werden, vielleicht alle zwölf Wochen, anstatt alle acht Wochen?

A: Sie sind auf dem richtigen Wege. Sie können sicherlich beim Beschlagen Geld sparen, aber nicht, indem Sie die Intervalle auf zwölf Wochen ausdehnen. Pferdehufe sollten alle fünf bis acht Wochen ausgeschnitten werden, egal ob sie beschlagen sind oder nicht und ob sie geritten werden oder nicht. Die Hufe wachsen ständig, aber nicht vollkommen gleichmäßig, und dadurch werden sie mit der Zeit schief und bekommen eine falsche Stellung. Durch Korrigieren alle fünf bis acht Wochen wird die richtige Stellung bewahrt und damit einer falschen Belastung des Hufs, der Sehnen, Bänder und Knochen vorgebeugt.

Sprechen Sie mit Ihren Kindern und mit dem Hufschmied darüber. Wenn die Pferde normal beschlagen sind – d. h. keinen speziellen therapeutischen Hufbeschlag haben, der die Schmerzen einer chronischen Erkrankung oder Lahmheit lindern soll –, könnte man die Hufeisen einfach weglassen. Die Pferde könnten dann barfuß gehen, was ihren Hufen gut tut, und das regelmäßige Ausschneiden wäre viel billiger als das Beschlagen. Dem Hufschmied wäre das sicher auch recht, denn Hufschmiede haben immer mehr Arbeit, als sie schaffen können, und kein Interesse an unnötiger Arbeit. Normalerweise ist der Hufschmied der Erste, der vorschlägt, ein Pferd ohne Spezialeisen oder überhaupt ohne Hufeisen laufen zu lassen.

F: Wir holten vor kurzem das Pferd meiner Tochter nach Hause auf unseren »Mini-Hof« als Gesellschaft für das alte,

»pensionierte« Pferd meines Mannes. Sie verstehen sich gut, und es gibt keine Probleme. Jetzt möchten wir ein paar Tage wegfahren und hoffen, dass das in Ordnung ist. Die Pferde haben eine große Weide, sie haben einen Unterstand zum Schutz und einen großen Tränkewagen, und sie bekommen auch noch eine große Heuration, bevor wir fahren. Meine Tochter regt sich deswegen sehr auf, sie meint, man könne die Pferde nicht allein lassen und will zu Hause bleiben. Das geht natürlich nicht. Sie ist erst zehn Jahre alt und kommt natürlich mit uns. Ich wüsste aber gern, wie ich ihr verständlich machen soll, dass ein paar Tage nicht so schlimm sind.

A: Ich kann verstehen, dass Sie auch einmal für ein paar Tage wegfahren wollen, aber auch wenn Sie niemanden haben, der für diese Zeit bei Ihnen wohnt und auf die Pferde aufpasst, sollten Sie wenigstens jemanden beauftragen, zweimal pro Tag vorbeizukommen und nach den Pferden zu sehen. In diesem Punkt hat Ihre Tochter Recht: Pferde sollte man nicht tagelang alleine lassen, ohne nachzusehen, ob alles in Ordnung ist. Das ist der Nachteil, wenn man Pferde zu Hause hält.

F: Wir wollen das Pferd meiner Tochter zu uns nach Hause holen und haben über ein Jahr lang daran gearbeitet, um alles pferdegerecht vorzubereiten. Wir haben einen kleinen Stall, einen Reitplatz und eine Weide mit einem Unterstand. Die Umzäunung ist auch pferdegerecht. Aber bevor wir Banner holen, müssen wir noch eines wissen: Werden ihm seine »Kameraden« fehlen?

In dem Einstellerstall kommt er mit zwei anderen Pferden zusammen auf die Koppel, aber sie scheinen nicht besonders enge Freunde zu sein. Wir haben gehört, dass man Pferde nicht alleine halten sollte. Meine Tochter sagt, sie sei sein bester Freund, und er würde kein anderes Pferd »zum Schwatzen« brauchen. Stimmt das? Wir können es uns nicht leisten, noch ein teures Pferd zu kaufen. Würde eventuell eine Ziege als Ersatz funktionieren?

A: Pferde brauchen Gesellschaft, sie sind absolute Herdentiere und fühlen sich alleine nicht wohl. Das heißt aber nicht, dass Sie noch ein teures Pferd kaufen müssen. Sie könnten für Banner als Kameraden ein »Gnadenbrot«-Pferd in Pflege nehmen. Viele Pferdebesitzer wollen ihre Pferde nicht nur deswegen einschläfern lassen, weil sie nicht mehr geritten werden können, und suchen nach einem schönen »Altersruhesitz« für ihr Pferd.

Für wenig Geld könnten Sie auch im Tierheim ein Pferd oder ein Pony oder einen Esel als Gesellschaft für Banner erwerben. Viele hilfsbedürftige Tiere, die auf diesem Weg gerettet werden, können gar nicht mehr oder nur noch wenig geritten werden und wären froh über einen Platz, wie Sie ihn bieten. Wenn Sie absolut kein geeignetes Pferd oder Pony finden können, würde zur Not auch eine Ziege helfen.

14

Der Transport von Pferden

Wenn Ihr Pferd in einem Einstellerstall steht und mit dem Hängergespann des Stalles zu Turnieren gebracht werden kann, wo es von Stallangestellten samt Ausrüstung fachgerecht ein- und ausgeladen wird, dann haben Sie großes Glück. Meistens muss man den Transport seines Pferdes selbst organisieren, und wenn Sie Ihr Pferd zu Hause halten, dann blüht Ihnen das sowieso.

Pferde sicher transportieren

Auch wenn Sie Ihr Pferd in einem Einstellerstall stehen haben, müssen Sie es meistens selbst transportieren, denn die meisten Stallbesitzer haben keine so große Transportkapazität, dass sie die Pferde ihrer Einsteller durch die Gegend schaukeln können, oder sie fahren nur ihre eigenen, oder sie fahren nur zu bestimmten Turnieren und nicht zu anderen. Wenn Ihr Kind anfängt, auf Turnieren oder Shows zu reiten, werden Sie sich dann das entsprechende Transportmittel leihen oder kaufen und lernen müssen, damit umzugehen.

PFERDEVERSTAND

Das Verladen Ihres Pferdes in einen Pferdehänger sollten Sie zunächst dem Reitlehrer oder einem Bekannten überlassen, der darin Routine hat; denn den meisten Pferden ist dieser relativ kleine und dunkle Kasten und die unter jedem Schritt knarrende und polternde Rampe nicht geheuer, und mit einem erschreckt herumspringenden Pferd umzugehen erfordert Übung. Sowohl Sie als auch Ihr Pferd sollten von jemandem, der Zeit und Geduld und die entsprechende Erfahrung hat, lernen, wie das Ein- und Aussteigen in den Hänger in aller Ruhe vor sich gehen kann und schließlich zur Routine wird.

Üben Sie erst zu Hause

Bevor Sie den ersten Transport machen, sollten Sie die Vorbereitungen, das Einladen und das Ausladen des Pferdes üben. Üben Sie das Ankuppeln und üben Sie dann das Fahren, Anhalten, Abbiegen, Spurwechseln und – oje – das Rückwärtssetzen mit dem Hänger. Laden Sie dann das Pferd in den Hänger und machen Sie alle Übungen noch einmal. Auf diese Weise ist Ihnen zumindest dieser Teil des Pferdetransports vertraut und macht Ihnen keine Probleme.

Üben Sie das Ein- und Ausladen Ihres Pferdes.

Haben Sie das richtige Zugfahrzeug?

Vielleicht brauchen Sie ein neues Fahrzeug, denn nicht jedes Auto eignet sich dazu, einen Pferdehänger zu ziehen. Bevor Sie es versuchen, beantworten Sie folgende Fragen:

1. Welche Zugkraft hat Ihr Fahrzeug?
2. Wenn Sie das Gewicht Ihres Hängers, des (der) Pferde(s), der mitgenommenen Ausrüstung und der Personen im Fahrzeug zusammenzählen, bleibt Ihnen dann immer noch ein ausreichender Sicherheitspuffer?
3. Ist Ihr Motor für das Gewicht des Hängers samt Pferd(en) stark genug? Ist er dafür auch bergauf und im Schlamm stark genug?
4. Hat Ihr Fahrzeug eine Übersetzung für Geländegänge? Und eine entsprechende Kühlung?
5. Hat Ihr Fahrzeug gute Bremsen, die in gutem Zustand sind?
6. Sind die Räder Ihres Fahrzeugs und des Hängers in gutem Zustand?
7. Ist die Anhängerkupplung Ihres Fahrzeugs für diesen Zweck ausgelegt?

Vielleicht brauchen Sie ein neues Zugfahrzeug

Wenn Sie daran denken, ein Fahrzeug zu kaufen, das Pferdehänger ziehen kann, sollten Sie sich die größten und schwersten ansehen, denn es eignet sich bei weitem nicht jedes Auto dazu. Auch wenn das erste Pferd Ihres Kindes klein ist, denken Sie lieber gleich eine Nummer größer, was das Zugfahrzeug und den Hänger betrifft. Ein schwerer PKW zieht noch relativ sicher einen Hänger mit *einem* Pferd darin. Wenn aber Ihre Tochter einmal ein anderes, größeres Pferd bekommt,

PFERDEVERSTAND

Prüfen Sie die Sicherheit Ihres Hängers

Nach jedem Ankuppeln und Einstecken des elektrischen Anschlusssteckers müssen Sie prüfen, ob alle Lampen an Ihrem Hänger funktionieren: Bremslichter, Abblendlicht, Blinker, Warnblinker und Positionslichter.

Die allgemeine Verkehrstauglichkeit wird vom TÜV geprüft. Vergessen Sie die regelmäßigen TÜV-Termine nicht.

Achten Sie darauf, dass Sie neben einer Taschenlampe auch immer einige Ersatzbirnen dabei haben, denn ein teilweise oder vollkommen unbeleuchteter Hänger stellt im Verkehr ein großes Risiko dar.

oder sie mit einer Freundin und beiden Pferden zu einem Turnier fahren möchte, brauchen Sie einen Doppelhänger und einen Van oder einen Geländewagen. Warum also dann nicht gleich?

FRAGE UND ANTWORT

F: Ich fahre mit meinem Sohn und meiner Tochter und zwei von ihren Freunden zu einem Turnier. Das ist das erste Mal, dass ich selbst fahren muss, seit wir ein eigenes Hängergespann haben, vorher sind wir immer mit der Reitlehrerin der Kinder gefahren. Wir treffen sie mittags, aber ich bin doch etwas nervös, wenn ich daran denke, dass ich mich um die Kinder, um die Pferde, um Boxen, Einstreu, Startnummern und alles andere kümmern muss, und ich fürchte, dass die vier Kinder in alle Richtungen verschwinden, kaum dass wir angekommen sind, und ich mit allem alleine fertig werden muss.

A: Mein Vorschlag wäre: vier Schreibunterlagen, vier Stifte und vier Aufgabenlisten – lassen Sie die Kinder ruhig helfen! Verteilen Sie die Aufgaben, bevor Sie abfahren, und besprechen Sie die Einzelheiten während der Fahrt, dann kommen Sie vor Ort viel besser zurecht.

Einer kann die Anmeldung erledigen, die Informationsblätter und den Zeitplan besorgen und seine Uhr nach der offiziellen Zeit stellen, dann mit dem Material zum Stallbereich zurückkehren, wo die anderen dann ihre Uhr auch richtig stellen.

Einer kann sich auf die Suche nach den reservierten Boxen machen und feststellen, ob sie eingestreut sind oder ob Einstreu zumindest vorhanden ist. Ein anderer kann die Wassereimer füllen und hinhängen. Der Vierte kann mit Ihrer Hilfe die Pferde nacheinander ausladen und in ihre Boxen führen. Sobald die Pferde versorgt sind, kommen alle zurück, um die gesamte Ausrüstung aus Hänger und Zugfahrzeug auszuladen und zu verstauen, dann können Sie das Gespann auf dem Parkplatz abstellen. Dann können Sie sich in aller Ruhe dem Turnier und Ihren Anmeldungen widmen.

15

Das richtige Verhalten auf Turnieren

Von Ihrem Kind, von seinem Reitlehrer und durch offizielle Informationen wurden Sie sicherlich schon auf das Turnier vorbereitet. Ich kann nur noch eines hinzufügen: Halten Sie sich im Hintergrund und helfen Sie nur, wenn Sie darum gebeten werden. Lassen Sie Ihr Kind nicht alleine, wenn es Hilfe braucht, aber mischen Sie sich nicht ein, solange es alleine zurechtkommt.

Wie soll ich mich bei einem Turnier verhalten?

Hier ist Ihr Kind in seinem Element, und wenn es sich auch über Ihre Unterstützung freut, kommt es über seine Nervosität doch wahrscheinlich besser mit Hilfe der Gleichaltrigen und der Reitlehrerin hinweg. Vor allem als Teenager wird Ihr Kind Ihre Einmischung als unausgesprochene Kritik an seinem Können oder an dem Reitlehrer auffassen.

Wenn Sie beim Zusehen besondere Fragen oder Kritik hinsichtlich der Leistung oder Haltung Ihres Kindes haben, sprechen Sie diese nicht auf dem Turnier an, und vor allem nicht Ihrem Kind gegenüber. Notieren Sie sich alles und nehmen

Sie sich vor, all das später mit dem Reitlehrer zu besprechen. Desgleichen, wenn Sie Fragen oder Kritik an der Betreuung Ihres Kindes auf dem Turnier haben.

Wann darf man wieder abfahren?

Sie dürfen ruhig anfangen, aufzuräumen und alles zusammenzupacken, sobald die letzte Klasse, bei der Ihr Kind teilnahm, beendet ist, und natürlich drängt es jeden, zum heimischen Stall zurückzukommen, die Pferde »aufzuräumen« und endlich nach Hause und unter die heiß ersehnte Dusche zu kommen. Aber auf Turnieren herrscht eine bestimmte Etikette, und Sie sollten möglichst die abschließende Siegerehrung (normalerweise der Abschluss des ganzen Ereignisses) noch abwarten, egal ob Sie eine Schleife erwarten oder nicht.

Lassen Sie nach dem Turnier erst einmal Ihr Kind reden und überfallen Sie es nicht mit Gratulationen oder Tröstungsversuchen. Sie müssen erst wissen, wie Ihr Kind selbst über seine Darbietungen denkt, denn es kann gut sein, dass es sich über einen schlechten Ritt ärgert, auch wenn er ihm eine Schleife eingebracht hat, oder sich über bestimmte Leistungen freut, auch wenn es nicht platziert wurde. Hören Sie sich also erst seine Beurteilung an, und wenn es sein Bestes gegeben hat und gut geritten ist, dann ist ein »Mein Schatz, das hast du wirklich sehr, sehr gut gemacht« absolut angebracht, egal wie die offiziellen Ergebnisse lauten.

In solchen Momenten erfahren Sie auch, wie Ihr Kind denkt. Wenn Sie ihm die Einstellung »Wichtig ist nicht, ob du Sieger wirst, sondern wie du dich einsetzt« beibringen können, ist das ein großer Gewinn für Ihr Kind. Es kann nicht

Eltern sind auf Turnieren durchaus nützlich. Tragen Sie immer genügend Sicherheitsnadeln und Sinn für Humor bei sich.

immer siegen – aber es kann immer sein Bestes geben, und wenn es Ihnen beiden darauf vor allem anderen ankommt, wird es viel öfter glücklich und zufrieden sein, als wenn dieses Glück an Siege geknüpft ist.

Wenn sich herausstellt, dass Ihrem Kind das Siegen mehr bedeutet als die tatsächliche Leistung, der Sportsgeist oder der gute Umgang mit dem Pferd, werden Sie mit ihm darüber sprechen müssen, und wahrscheinlich auch mit dem Reitlehrer.

Bringen Sie Ihrem Kind bei, sich auf die eigene Leistung zu konzentrieren und darauf, sie ständig zu verbessern, anstatt sich immer an der Leistung anderer Reiter oder an einem Richterurteil zu messen.

Seien Sie auf Turnieren zurückhaltend mit Lob und Trost. Mit einem Lächeln und einem Winken erkennen Sie eine gute Leistung an, wenn aber einiges schief läuft, unterstützen Sie Ihr Kind ruhig und unaufdringlich mit einem Lächeln, einem Schulterklopfen oder einem mitfühlenden »Schade«. Sie müssen keine Erklärungen finden oder die Dinge korrigieren – das können Sie wahrscheinlich sowieso nicht.

Bevor Sie gratulieren oder trösten, seien Sie erst sicher, was Ihrem Kind diese Turniere bedeuten. Vielleicht hat es gar nicht den gleichen Ehrgeiz wie Sie. Wenn Ihnen die Schleifchen vollkommen gleichgültig sind, Ihr Kind aber ganz scharf darauf ist, und Sie sagen dann: »Ach was, wegen diesem blöden Stofffetzen ...«, dann sind Sie wahrscheinlich als Erwachsener, der einfach gar nichts versteht, abgeschrieben.

Wenn umgekehrt Sie mehr Ehrgeiz haben, Schleifen zu sammeln als Ihr Kind, dann sollten Sie selbst Unterricht nehmen und Ihren Spaß auf Turnieren haben, nicht aber Ihrem Kind den gleichen Ehrgeiz abverlangen.

FRAGE UND ANTWORT

F: Wenn ich meiner Tochter auf einem Turnier zusehe, bin ich manchmal unsicher, wie ich mich verhalten soll, wenn das Richterurteil offensichtlich unfair ist. Ich weiß, dass es falsch ist, deswegen großen Zirkus zu machen und die Richter laut anzuschreien, wie manche Mütter das tun, aber ich finde es nicht richtig, zuzusehen, wie mein Kind den Reitplatz enttäuscht verlässt, weil es eigentlich eine bessere Platzierung verdient hätte.

A: Sie sollten gar nichts tun, und zwar aus verschiedenen Gründen. Erstens könnten Sie mit Ihrer Einschätzung falsch liegen. Vielleicht haben Sie auch einen Fehler eines anderen Reiters gesehen und der Richter nicht, oder Sie haben einen Fehler Ihrer Tochter nicht gesehen, und der Richter hat ihn gesehen.

Sprechen Sie später zu Hause mit Ihrer Tochter darüber, wie sie den Tag und ihre Leistungen einschätzt. Und betonen Sie, worauf es ankommt, nämlich auf das gute Reiten selbst und nicht auf die Farbe der Schleife.

Wenn Sie sicher sind, dass das Richterurteil falsch war, schreiben Sie das als Pech ab. Schließlich sind Richter auch nur Menschen. Sie müssen auch einmal zwinkern oder husten oder bekommen Staub in die Augen; und sie werden auch müde; unmöglich kann ein Richter stundenlang jede einzelne Bewegung jedes Pferdes und jedes Reiters genau wahrnehmen. Die meisten tun ohnehin ihr Bestes, um fair zu sein. Der Rest ist eben – Pech.

Lamentieren Sie nicht zu schnell mit Ihrer Tochter über mangelnde Fairness. Ihre Tochter kann dabei die wertvolle Erfahrung machen, dass es im Leben eben nicht immer fair zugeht, und dass man eben auch Glück oder Pech haben kann. Wenn sie oft genug auf Turnieren reitet, wird sie sicherlich manchmal keine Schleife bekommen, obwohl sie eine verdient hätte, und umgekehrt auch manchmal eine Schleife bekommen, obwohl sie keine verdient hat. In jedem Fall kann doch die Schleife nicht der eigentliche Grund sein, dort zu reiten. Bringen Sie ihr bei, die Dinge im richtigen Blickwinkel zu sehen, zu sehen, worauf es wirklich ankommt: auf das Pferd, das Reiten, das wirkliche Können, die sportliche Seite und die Lehren, die man aus all dem ziehen kann.

16

Zeit für einen Pferdewechsel

Sie haben Ihrem Kind gerade sein erstes Pferd geschenkt – aber es ist nie zu früh, an seine zukünftigen Bedürfnisse zu denken. Wenn man als Kind ein eigenes Pferd bekommt, hat das den einen Nachteil, dass man diesem Pferd entwächst.

Ein anderes Pferd: ein Schritt vorwärts

»Entwachsen« ist wortwörtlich zu nehmen: Ihr schmächtiges zehnjähriges Kind wächst in den nächsten vier Jahren um mehr als 30 cm und kann mit seinem Pony nicht mehr springen, weil seine Füße weit unter dessen Bauchlinie ragen und jedes Hindernis »abräumen«; und die Schenkelhilfen gehen auch ins Leere.

»Entwachsen« gilt aber auch sinnbildlich gesprochen: Es kann sein, dass nach fünf Jahren der brave, einst fünfzehnjährige Wallach, der Ihrem Kind Reiten und Springen beigebracht hat, mit zwanzig einen Gang zurückschalten muss. Er kann einfach nicht mehr so schnell galoppieren und so hoch springen wie früher, und es wäre besser für ihn, wenn er es mit einem neuen kleinen Reiter etwas gemütlicher hätte und nur noch ruhigen Galopp und kleine Hindernisse bewältigen müsste. Ihr Kind hingegen hat das Bedürfnis, seine reiterlichen Aktivitäten mit einem jüngeren, leistungsfähigeren Pferd, das einen Querfeldeingalopp und auch anspruchsvollere Sprünge leicht bewältigt, einen Schritt voran zu bringen.

Es hört sich einfach an – schließlich ist es für das Kind und auch für das erste Pferd das Beste, wenn es verkauft und ein neues gekauft wird. Aber schließlich hängt Ihr Kind gefühlsmäßig stark an seinem alten Pferd und bringt es manchmal kaum übers Herz zu sagen: »Ich möchte ein neues Pferd. Ich möchte weiterkommen. Prinz kann das alles nicht mehr, was ich lernen möchte, und es wäre gemein, wenn ich ihn dazu zwinge.« Und noch härter ist es für Ihr Kind, zuzustimmen, dass sein geliebtes altes Pferd verkauft wird.

Manchmal muss man der Tatsache ins Auge sehen, dass das Kind seinem Pferd entwachsen ist.

Lehren Sie Ihr Kind, seine Prioritäten zu erkennen

Als Eltern sind Sie da in einer schwierigen Situation: Ihr Kind muss eine Entscheidung treffen, den einen Weg oder den anderen zu gehen, und Ihre Aufgabe ist es, ihm klarzumachen, dass es diese Entscheidung treffen muss; und dann sollten Sie ihm Zeit lassen und es nicht mit gut gemeinten Ratschlägen überfallen. Wenn es sich entschieden hat, können Sie Vorschläge machen, aber nicht vorher. Sie können nur eines tun: ihm dabei helfen, sich selbst darüber klar zu werden, worauf es ihm eigentlich ankommt und welche Ansprüche es stellt.

Aber dieses kleine Tier könnte für ein anderes Kind genau richtig sein!

Wenn es reitet, weil ihm das einfach Spaß macht und es gerne mit dem geliebten Pferd zusammen ist, dann wird Prinz wohl kaum verkauft werden, und es wäre falsch von Ihnen, Ihr Kind zu überreden, ihn doch zu verkaufen und ein Pferd zu kaufen, das Ansprüchen genügt, die gar nicht die Ihres Kindes sind.

Wenn Ihr Kind aber unbedingt reiterlich weiter vorankommen und sein Können erweitern möchte und weiß, dass es das mit Prinz nicht tun kann, sich aber schuldig und wie ein Verräter fühlt, das zuzugeben, dann wäre es angebracht, Prinz entweder auf eine Gnadenbrot-Weide zu schicken und regelmäßig zu besuchen, oder ihn für ein Kind, das genau ein solches Pferd braucht, zu verkaufen oder als Vollbeteiligung herzugeben.

Manchmal gibt es allerdings auch einen traurigeren Anlass, ein neues Pferd für Ihr Kind zu suchen – wenn das erste Pferd Ihres Kindes durch eine Krankheit, einen Unfall oder aus Altersgründen stirbt.

FRAGEN UND ANTWORTEN

F: Der Reitlehrer meiner Tochter ist uns im Augenblick dabei behilflich, das Pferd meiner Tochter zu verkaufen (sie ist zu groß für es geworden) und nach einem neuen Pferd für sie zu suchen. Meine Tochter würde ihr Pferd gern an jemand verkaufen, der hier in der Nähe wohnt oder am besten im gleichen Stall mit ihm bleibt. Die Reitlehrerin sagt immer, das sei ein großer Fehler, und das Beste sei, ihn weit weg zu verkaufen. Es ist ein sehr liebes Pferd, und diese Worte tun mir weh. Meine Tochter hat sich, seit wir es gekauft haben, allein um ihr Pferd gekümmert und alles für es getan. Sie ist sehr eigen in allem, was man mit ihm tut, und wird sich auch, wenn es verkauft ist, weiter Gedanken um es machen; so ist sie einfach. Was halten Sie davon?

A: Ich glaube, dass Ihre Reitlehrerin wahrscheinlich Recht hat. Sie sagen selbst, dass Ihre Tochter sehr eigen darin ist, wie man mit dem Pferd umgeht und wie man etwas tut. Das kann nur zu Problemen führen, denn es kann sehr frustrierend für Ihre Tochter werden, wenn der neue Besitzer anders mit dem Pferd umgeht als sie, und für den neuen Besitzer kann es frustrierend werden, wenn sich Ihre Tochter ständig einmischt und ihm sagt, wie er sein neues Pferd behandeln soll.

Wenn Sie ein gutes Zuhause für Ihr Pferd gefunden haben, lassen Sie Ihre Tochter mit Einwilligung des neuen Besitzers einen Tag lang dort verbringen und ihm alles erklären und zeigen, was ihrer Meinung nach dieser neue Besitzer wissen muss. Danach sollte sie sich entspannen und akzeptieren, dass das Pferd jetzt jemandem anderen gehört, und sie sollte sich auf die Suche nach ihrem neuen Pferd konzentrieren.

Die Reitlehrerin ist wahrscheinlich auch besorgt, dass Ihre Tochter sich nicht mehr auf das Reiten und ihr neues Pferd konzentrieren kann, wenn sie ständig mit allen Dingen konfrontiert wird, die der neue Besitzer »falsch« macht – wobei »falsch« meist nur heißt »nicht genauso wie ich«. Manchen Menschen fällt es einfach schwerer als anderen, etwas aufzugeben, und wenn Ihrer Tochter das besonders schwer fällt, ist es vielleicht das einzig Richtige, das Pferd wirklich so weit weg zu verkaufen, dass die Entfernung ihr hilft, allmählich Abstand zu gewinnen.

F: Meine Tochter Emily ist vierzehn und hat jetzt einen Punkt erreicht, wo sie ihr Pferd verkaufen und ein neues bekommen sollte, mit dem sie Übungen reiten kann, die das alte nicht kann. Sie versteht das, aber sie hat Schuldgefühle, einfach ein neues Pferd zu kaufen. An einem Tag will sie unbedingt ein neues Pferd, am nächsten Tag weint sie, weil sie sich gegenüber ihrem alten Pferd wie eine Verräterin vorkommt, wenn sie auch nur daran denkt, ihn zu verkaufen, und dieses Hin und Her macht mich ganz verrückt.

Ich kann mir zwei Pferde im Reitstall nicht leisten. Wenn sie ein neues Pferd will, muss Poco weg. Wenn sie Poco behält, kann sie auf Turnieren und Shows nicht so mitreiten, wie sie es will. So einfach sehe ich die Sache, aber was weiß ich denn schon, ich bin ja nur Mama. Es tut mir Leid, sie zu einer Entscheidung zu drängen, aber wir haben nicht viel Zeit. Ich habe mich schon nach einigen Pferden erkundigt, die mir gut geeignet erscheinen, und wir müssen ja die Turniere für nächstes Jahr planen und eine Verkaufsanzeige für Poco in die Zeitung setzen.

A: Im Alter von vierzehn Jahren kann man sich oft bei solchen Dingen nicht so schnell entscheiden, und vielleicht weiß Ihre Tochter auch einfach noch nicht, welches ihre Prioritäten sind: Wenn ihr am meisten ihre Beziehung zu ihrem Pferd am Herzen liegt, möchte sie Poco behalten. Wenn es ihr mehr am Herzen liegt, reiterlich voranzukommen und auf Turnieren gut abzuschneiden, muss sie ihn verkaufen. Ich habe das Gefühl, sie ist sich noch nicht sicher, was sie will.

Warum lassen Sie ihr nicht Zeit für ihre Entscheidung? Das ist doch kein Problem: Sie hat ein Pferd, das sie liebt, und sie überlegt sich die Möglichkeit, dieses Pferd zu verkaufen, um ein anderes zu bekommen. Lassen Sie sie in Ruhe ihre Wünsche und Präferenzen sortieren.

Wichtig ist, dass Emily ihre eigene Entscheidung trifft. Sie sollte nicht die Konsequenzen tragen und bedauern müssen, die ihr eine voreilige, erzwungene Entscheidung einträgt, die eigentlich nicht ihre eigene war.

Sie scheinen große Hoffnungen in Emilys Turniererfolge zu setzen, und das ist auch in Ordnung, aber vielleicht ist das für Emily nicht das Wichtigste. Lassen Sie sie sich selbst darüber klar werden. Schließlich verlangt sie ja nicht: »Kaufe mir noch ein Pferd und lasse mich beide halten, bis ich weiß, welches ich behalten will.« Sie sagt nur: »Zwinge mich jetzt nicht gleich zu einer Entscheidung.« Und das ist keine unvernünftige Bitte.

Sie mag die falsche Entscheidung treffen oder eine Entscheidung, die Ihnen falsch vorkommt, aber es ist dann ihre eigene Entscheidung, und es ist Teil des Erwachsenwerdens, Entscheidungen selbst zu treffen und die Konsequenzen zu tragen. Außerdem sind Sie ja da, um ihr im Notfall zu helfen. Wenn Sie ihr jetzt freie Hand lassen, lassen Sie sie nicht im Stich, sondern erlauben ihr im Gegenteil, ein unabhängiger Mensch mit eigenen Rechten zu werden.

17

Bis dass der Tod uns scheidet

Es passiert immer wieder, dass Kinder viel tiefer trauern, wenn ihr Pferd stirbt, als wenn ein Verwandter stirbt. Manche Eltern fühlen sich dadurch schockiert, andere, klügere Eltern können es verstehen.

Ein Pferd verlieren ist wie ein Todesfall in der Familie

Für ein Kind bedeutete dieses Pferd bedingungslose Zuwendung. Kinder verbringen oft Stunden bei ihren Pferden, sie erzählen ihnen alles Mögliche und beschäftigen sich mit ihnen, während sonst kein Mensch so viel Zeit für sie hat und ihnen zuhört. Das Pferd ist ihr Freund, ihr Spielkamerad, ihr Vertrauter. Wenn Sie verstehen, wie wichtig das Pferd im Leben Ihres Kindes ist, werden Sie auch die Reaktionen und Gefühle Ihres Kindes beim Tod dieses Pferdes verstehen und auf sie eingehen können.

Ärger

Eine der ersten Reaktionen von Kindern jeden Alters ist es, Ärger zu empfinden. Ihr Pferd hat sie verlassen, und sie fühlen sich genauso allein gelassen, als wenn sie ein Mitglied der Familie verloren hätten. Je nach Alter Ihres Kindes kann es sein, dass das ansonsten sanfte Kind abwesend und distanziert ist und zu plötzlicher Aggression neigt – oder dass Ihr normalerweise höchst geschäftiges und unabhängiges Kind plötzlich apathisch wird und Ihnen am Rockzipfel hängt. Kinder erleben in dieser Situation oft zum ersten Mal einen großen Verlust, tiefen Kummer, Ärger und etwas Gefährliches, Schädliches: Schuldgefühle.

Schuldgefühle

Mit Schuldgefühlen haben auch Erwachsene zu kämpfen – für Kinder aber ist es noch viel schlimmer, denn sie haben noch nicht gelernt, sie in der richtigen Relation zu sehen. Kindliche Schuldgefühle sind vollkommen unverhältnismäßig, sie türmen sich wie ein riesiger Berg vor ihnen auf – weil das Kind so immens stolz darauf war, für sein eigenes Pferd verantwortlich zu sein, empfindet es eine entsprechend große Schuld, wenn das Tier stirbt oder eingeschläfert werden muss. Schließlich bedeutet *verantwortlich*, für alles, was mit dem Pferd zu tun hat, verantwortlich zu sein, und damit irgendwie auch für seinen Tod. Sie werden mit viel Geduld und immer wieder erklären müssen, dass das Pferd nicht wegen irgendetwas gestorben ist, was Ihr Kind getan oder nicht getan hat.

Den Tod erklären

Wenn Ihr Kind noch im Vorschulalter ist, werden Sie ihm kaum verständlich machen können, was der Tod bedeutet, denn in diesem Alter machen Kinder zwischen *Schlafen*, *Dösen*, *Sich-Hinlegen* und *Totsein* keinen Unterschied, und es kann sein, dass Ihr Kind im nächsten Moment meint, dass das Pferd noch da ist. Als Schulkind weiß ein Kind dann, dass es den Tod gibt, und es mag auch dessen Endgültigkeit begreifen – aber es wird sich auch mit der Schreckensvorstellung quälen, dass es das irgendwie hätte verhindern müssen, und weil es das nicht getan hat, sich schuldig fühlen. An Ihnen ist es, ihm immer wieder zu erklären, dass der Tod nicht vermeidbar war und dass er vor allem nicht die Schuld des Kindes war.

Depressionen

Kinder mit elf oder zwölf Jahren können tief unglücklich und depressiv werden, wenn sie ein Pferd oder ein anderes geliebtes Tier verlieren; in diesem Alter bezeichnen sie typischerweise ihr Pferd als ihren »besten Freund« – und sie meinen es ernst. Am besten helfen Sie Ihren Kindern in diesem Fall, wenn Sie sie ermutigen, sich auszusprechen, und die Gefühle, die sie für ihren toten Freund hegen, auszudrücken. Des Weiteren ist es gut, sie so weit wie möglich vor der gedankenlosen Dummheit von Erwachsenen zu schützen, die meinen, sie würden helfen, wenn sie sagen: »Um Himmels Willen, es war doch nur ein Pferd!« Denn »nur ein Pferd« ist immer Blödsinn.

Teenager ziehen sich dann mehr in sich zurück, trauern alleine in ihrem Zimmer oder am Telefon mit Freunden und Freundinnen, wischen ansonsten elterliche Trostversuche beiseite und tun so, als würde es ihnen nichts ausmachen. Es macht ihnen natürlich etwas aus, sogar sehr viel, aber sie verstecken ihre Gefühle, wie es für Jugendliche typisch ist.

Nehmen Sie diese scheinbare Zurückweisung nicht persönlich – sie denken in diesem Moment gar nicht daran, dass auch Ihnen der Tod des Pferdes oder ihr Schmerz oder auch beides Kummer macht. Und bestehen Sie eine Zeit lang nicht auf der

Beschränkung der Telefonierzeiten, denn Teenager finden viel Unterstützung und Hilfe bei anderen Teenagern, besonders bei solchen, die das Gleiche für ihre Pferde empfinden.

Lassen Sie ihrem Teenager Zeit. Haben Sie Geduld und sagen Sie sich: »Und auch das wird vorübergehen«, reden Sie mit Ihrem Kind, wenn es sich ergibt, aber klopfen Sie nicht an seine Zimmertür und verlangen Sie eine Aussprache, und sagen Sie nicht: »Jetzt beruhig dich aber mal wieder.« Vor allem reden Sie nicht davon, ein neues Pferd zu kaufen, sondern warten Sie ab. Sie werden es schon merken, wenn die Zeit dafür gekommen ist, denn dann denkt Ihr Kind selbst daran und spricht es an.

FRAGEN UND ANTWORTEN

F: Wir möchten unserer Tochter ein Pony schenken und haben eins gefunden, das wir besonders gern haben, und die Reitlehrerin mag es auch sehr gern. Es gibt nur ein Problem: Dieses Pony ist schon 21 Jahre alt. Soweit ich weiß, ist das für ein Pferd schon sehr alt. Kann man denn überhaupt davon ausgehen, dass es noch ein paar Jahre lang geritten werden kann, bis es sein Gnadenbrot bekommen muss? Der Tierarzt sagt, es sei gesund und könnte geritten werden und würde sich auch nicht überanstrengen (meine Tochter ist noch relative Anfängerin). Zwei Dinge lassen mir keine Ruhe: Wie lange hat man noch etwas von diesem Pony, und was passiert dann, wenn es stirbt? Kathy ist erst neun Jahre alt, und ich möchte nicht, dass sie sich erst in dieses Pony verliebt und es ihr dann in einem oder zwei Jahren wegstirbt.

A: Ich glaube nicht, dass Sie sich da Sorgen machen müssen. Ponys werden im Allgemeinen sehr alt; viele gehen noch gut unterm Sattel, bis sie an die 30 Jahre alt sind. Viele Ponys dienen ganzen Generationen von Kindern zum Reitenlernen, und es hält sie fit; manche werden erst aus dem »aktiven Dienst« genommen, wenn sie schon weit über 30 sind.

Ein gesundes, gerittenes Pony in gutem Zustand kann noch lange so weitermachen, wenn es korrekt behandelt wird.

Ob es in einem oder zwei Jahren sterben könnte? Sicherlich – genauso wie der Dreijährige in der Nachbarbox. Die Haupttodesursache für Pferde, nämlich Koliken, ist nicht altersabhängig. Ich würde sagen, mit diesem soliden, kräftigen, gesunden, 21-jährigen Pony sind Sie gut bedient. Ihr größtes Problem ist wahrscheinlich die Frage, was Sie mit ihm in zehn Jahren tun sollen, wenn Ihre Tochter nach der Schulzeit von zu Hause fortgeht.

F: Wir mussten das Pferd meines Sohnes vor einem Monat einschläfern lassen, und er ist noch immer untröstlich. Ich habe ihm gesagt, dass ich ihm ein neues Pferd schenke, aber er sagt, er weiß nicht, ob er überhaupt noch reiten will. Wir haben ihm drei Jahre lang Reitstunden geschenkt, und er ritt sehr viel und gewann auch viel. Deswegen bin ich jetzt ziemlich enttäuscht, dass er diese ganze Investition einfach wegwerfen will. Was kann ich tun, um ihn bei der Stange zu halten?

A: Ihr Sohn trauert um seinen geliebten Freund. Er braucht Zeit, um sich davon zu erholen, und ein Monat ist nicht sehr viel. Es ist schön, dass Sie ihm wieder ein Pferd schenken wollen, und er weiß, dass dieses Angebot besteht – Sie sollten dieses Thema jetzt aber beiseite lassen und abwarten, bis er selbst davon anfängt, wenn er dazu bereit ist.

Anstatt ihrem Sohn das Thema Pferde aufzuzwingen, sollten Sie andere Dinge mit ihm unternehmen, ins Kino gehen, Minigolf spielen, andere Sportarten versuchen oder einfach spazieren gehen. Zeigen Sie ihm durch Ihr Tun, dass Sie ihn lieben und für ihn da sind. Es ist schon möglich, dass das Wort »Pferd« niemals mehr ausgesprochen wird, aber dafür weiß Ihr Sohn, dass Sie ihn lieben.

Ich verstehe, dass Sie stolz auf Ihren Sohn und auf seine vielen Siege sind, aber machen Sie sich keine Gedanken über Ihre Investition, denn die ist keineswegs verloren. Wenn Sie einmal nachdenken, werden Sie erkennen, dass Sie nicht in irgendwelche Schleifchen oder Pokale investiert haben, sondern in Ihren Sohn.

Diese drei Jahre Reitunterricht waren in keinem Fall umsonst. Ihr Sohn hat neue Fähigkeiten erworben, hat sich sehr erfolgreich in einer Sportart entwickelt, und ob er jetzt nächste Woche, nächsten Monat, nächstes Jahr in vier oder zehn Jahren oder gar nicht wieder mit dem Reiten anfängt, hat er doch in diesen drei Jahren viele Dinge gelernt, die ihm sein Leben lang zugute kommen. Reiter lernen mehr als nur reiten. Sie lernen Geduld, Toleranz und sich um das Wohlbefinden, die Gesundheit und die Zufriedenheit eines anderen Wesens zu kümmern. Auch wenn dieses Wesen ein Tier ist – diese Erfahrung hat aus Ihrem Sohn einen besseren Menschen gemacht, und das ändert sich nicht, nur weil sein Pferd gestorben ist. Durch das, was Ihr Sohn in diesen drei Jahren mit seinem Pferd gelernt hat, wird er einst ein besserer Freund, ein besserer Kollege (oder Chef), ein besserer Ehemann und Vater sein. Ich würde sagen, Sie haben eine sehr lohnende Investition gemacht.

18

Erwachsen werden: Pferde, Studium und Berufsleben

Eine berüchtigte Familienszene: Die zukünftige Studentin lässt vor der versammelten Familie eine Bombe platzen: Sie möchte vor dem Studium erst einmal ein freies Jahr haben, um als »Werkstudent« bei einem berühmten Reiter zu lernen; oder sie möchte vor dem Studium ein freies Jahr haben, um die Reitlehrerprüfung zu machen; oder sie möchte zur Uni ... und ihr Reiten dabei fördern. Wie reagieren Eltern darauf am besten?

Mein Kind möchte mit Pferden arbeiten

Am besten tut man erst einmal gar nichts – zumindest bis Sie zu diesem Thema Ihre Hausaufgaben gemacht haben. Überreagieren Sie nicht, was Sie sich auch denken mögen. Es ist viel besser, zu sagen: »Lasst uns am vierundzwanzigsten darüber reden, da hat dein Vater seinen freien Tag, und da nehmen wir uns genügend Zeit für das alles«, als der Tochter ein »So ein Blödsinn. Im Herbst gehst du an die Uni und machst deine Ausbildung in Betriebswirtschaft« an den Kopf zu werfen. Nützen Sie dann die Zeit, um sich gut vorzubereiten. Sprechen Sie mit dem Tierarzt, mit dem Reitlehrer Ihres Kindes, mit jedem anderen Profi in der Pferdewelt, den Sie kennen.

»Ich möchte ein freies Jahr, um die Reitlehrerprüfung zu machen!«

Ein Jahr dafür ist realistisch, und die Uni läuft schließlich nicht davon. Wenn es Ihre Tochter wirklich schafft, geprüfte Reitlehrerin zu werden, ist das eine Investition in ihre Zukunft mit Pferden. Wenn sie einmal Reitunterricht geben oder als Verwalterin eines Reitstalles arbeiten will, kommt sie damit leichter an eine Stelle heran. Und wenn sie Tiermedizin studieren oder Tierarzthelferin werden will, kann diese zusätzliche Erfahrung auch nicht schaden. Und es ist noch ein Vorteil dabei: Das Lernen an der Uni wird ihr nach dem einen Jahr Knochenarbeit wie eine sanfte Brise vorkommen.

»Ich möchte als ›Werkstudent‹ bei Herrn Superreiter arbeiten!«

Ein Jahr lang als Werkstudent bei einem berühmten Reiter zu arbeiten, ist etwas anderes. Das hört sich meist besser an, als es in der Praxis dann ist; viele Kandidaten machen sich mit großen Erwartungen und großem Ehrgeiz, viel zu reiten und viel Unterricht zu bekommen, auf den Weg und müssen dann zu ihrem Kummer feststellen, dass sie dort von morgens bis abends Boxen ausmisten, Bandagen anlegen, Pferde putzen und Eimer schrubben. Die Unterrichtsstunden sind selten – die berühmten Reiter müssen sich im Allgemeinen auf sich selbst und auf zahlende Schüler sowie auf die Besitzer der Pferde, die sie reiten, konzentrieren. Und die Unterrichtsstunden sind oft auch unbefriedigend, denn viele gute Reiter sind schlechte Lehrer. Die meisten dieser Werkstudenten geben nach ein paar Monaten, Wochen oder gar Tagen ständiger

Übermüdung und Frustration auf und fahren wieder nach Hause. Sie sollten also diesen romantischen Vorstellungen ein Ende bereiten und Ihrem Kind die Illusionen nehmen.

»Ich möchte im Herbst auf die Uni, aber ich will etwas mit Pferden studieren!«

Das mag nicht so unmöglich sein, wie es klingt. Machen Sie auch hier wieder Ihre Hausarbeiten. Dabei werden Sie feststellen, dass traurigerweise die Welt *nicht* voller guter Stellenangebote für Absolventen von pferdebezogenen Ausbildungen und auch nicht voller berühmter Reiter ist, die gerne eifrige junge Werkstudenten fördern möchten. Es ist eine traurige Tatsache, dass nur die wenigsten Menschen in der Welt der Pferde mit Reiten Geld verdienen. Ebenso ist es eine Tatsache, dass die Leute, die in der Pferdeindustrie Geld machen, im Allgemeinen nicht viel Zeit zum Reiten übrig haben.

Die Realität in der Pferdeindustrie

In der Pferdeindustrie gibt es nur wenige Menschen, die für das Reiten bezahlt werden. Die meisten Reiter zahlen dafür, dass sie reiten dürfen, und die Frage ist, was sie im »wirklichen Leben« tun, um so viel Geld zu verdienen, dass sie sich dieses Hobby leisten können.

Die in der Pferdeindustrie Arbeitenden haben meist keine Zeit zum Reiten. Es hört sich eigenartig paradox an, dass die Menschen, die ihr Leben damit verbringen und ihr Einkommen daraus beziehen, dass sie in der Pferdeindustrie arbeiten

– Reitlehrer, Trainer, Stallbesitzer, Tierärzte, Hufschmiede – oft keine Zeit übrig haben, um zu reiten. Ob die Arbeit nun mit einem Einstellerstall, einem Schulstall oder einem Reitzubehörladen zu tun hat, ein paar Punkte sind ihnen allen gemeinsam: Die Arbeit ist hart und zeitaufwendig, und die Bezahlung ist meist schlecht. Natürlich gibt es auch Leute, die die Zeit haben, um zu reiten, und das Geld, um ihre Reitkünste durch Unterricht zu verbessern; sie haben auch Zeit, Bücher zu lesen und Videos anzusehen, um ihr Verständnis zu verbessern. In fast allen Fällen aber haben diese Leute, die genug Zeit und Geld haben, um zu reiten und Freude an ihren Pferden zu haben, andere Wege gefunden, um sich ein geregeltes, ausreichendes Einkommen zu sichern.

Akademische Laufbahn und Pferde – Ihr Kind kann alles haben. Viele junge Reiter verstehen nicht, dass sie nicht auf Pferde verzichten müssen, wenn sie eine andere Ausbildung machen, um einen interessanten und einträglichen Beruf zu erlernen. Im Gegenteil, das ist vielleicht die einzige realistische Möglichkeit für sie, um sicherzustellen, dass sie sich das Reiten ihr Leben lang leisten können.

QUELLEN

Studium und Pferd – Ihre Hausarbeit

Anstatt von Ihrem Kind zu verlangen, dass es einen konservativen Studienweg einschlägt, gestehen Sie ihm doch zu, sich wie ein Erwachsener um seine Angelegenheiten zu kümmern. Besorgen Sie Material zur Berufsberatung oder lassen Sie Ihr Kind selbst zu einer Berufsberatung gehen und sich darüber informieren, welche Möglichkeiten ihm offen stehen. Vielleicht wird dabei ja sein Interesse für etwas Neues geweckt, oder es entscheidet sich, sich alle Optionen offen zu halten und sich während des Studiums nach allen Richtungen zu informieren.

Ein anderer Gedanke, den junge Reiter sich klar machen sollten, ist der, dass es nach Abschluss aller möglichen akademischen Ausbildungen möglich ist, eine Arbeitsstelle zu finden, in der sie mit Pferden zu tun haben. Große Pferdehöfe und das Geschäft mit Pferden überhaupt brauchen Verwalter, Buchhalter und Leute, die ihre Broschüren und Verkaufskataloge entwerfen. Pharmazieunternehmen brauchen Ärzte und Wissenschaftler für die Forschung, um neue Medikamente für Pferde zu entwickeln. Futterhersteller brauchen Forscher, Ernährungswissenschaftler und Publizisten, die ihre Tätigkeit der Öffentlichkeit vorstellen. Sattelzeug, Zaumzeug und Reitkleidung müssen hergestellt, vorgeführt, an Händler verkauft, verfrachtet und weiterverkauft werden. Als Arzt kann man sich auf Reitsportmedizin spezialisieren; Chiropraktiker oder Heilgymnastiker und Masseure können Extrakurse belegen und ihre Künste bei Pferden anwenden.

Die Liste ist endlos. Als Geschäftsmann, als Arzt, als Fotograf, als Rechtsanwalt – immer besteht die Möglichkeit, eine Tätigkeit im Bereich der Pferdeindustrie zu finden.

FRAGE UND ANTWORT

F: Meine Tochter überlegt noch, welchen akademischen Abschluss sie machen möchte, aber es soll auf alle Fälle etwas mit Pferden zu tun haben. Ich dachte immer, dass sie einmal in eine künstlerische Richtung geht, aber jetzt spricht sie davon, Tierarztassistentin oder Verwalterin eines Reitstalles zu werden. Ich persönlich bin entsetzt von dieser Vorstellung, aber ich wage nicht, es ihr zu sagen.

Ich kann mir nicht vorstellen, dass sie es in einem dieser Berufe aushalten könnte, denn sie ist ein sehr sensibles, künstlerisch veranlagtes junges Mädchen (sie könnte Illustratorin für Zeitschriften werden, wenn Zeitschriften nicht inzwischen mehr Fotos bringen würden). Ich habe ihr sogar vorgeschlagen, Fotografie zu lernen, aber sie sagt, das sei nicht das Gleiche wie Zeichnen oder Malen, und sie möchte nicht durch eine Linse sehen.

A: Hören Sie bitte auf, sich Sorgen zu machen. Ihre Tochter hat noch viel Zeit, das Richtige für sich herauszufinden. Sie kann auf der Universität leicht noch das Fach wechseln und verliert dadurch vielleicht ein oder zwei Semester, aber das ist auch keine Tragödie.

Was ihre künstlerischen Neigungen betrifft, lässt ihr das verschiedenste Möglichkeiten offen. In Zeitschriften werden vielleicht kaum mehr Zeichnungen gedruckt, aber in Büchern (dieses eingeschlossen) sehr wohl, und die Verfasser und Herausgeber aller Arten von Büchern sind immer auf der Suche nach neuen talentierten Illustratoren. Auf wissenschaftlichem Gebiet werden auch für medizinische und tiermedizinische Bücher noch immer detaillierte Illustrationen gebraucht, die auch irgend jemand zeichnen muss.

Dann werden auch gezeichnete oder gemalte Pferdeporträts bei Pferdebesitzern immer beliebter und sind für einen begabten Künstler, der nach Vorlage einer Fotografie ein Bild in Kohle, Farbe oder mit dem Stift schaffen kann, eine lukrative Einkommensquelle.

Künstlerische Darstellungen von Pferden sind in allen möglichen Formen sehr beliebt. Wenn Ihre Tochter ihre Liebe zu Pferden mit ihrem künstlerischen Talent verbinden will, besteht kein Grund, warum sie mit dieser Kombination nicht eine erfolgreiche Karriere starten sollte.

19

Aus Eltern werden Reiter

Entdecken Sie die Pferde für sich selbst

Zuerst merken Sie es kaum. Neben dem ehrfürchtigen Wiederholen, was die Reitlehrerin alles gesagt hat, verrät Ihnen Ihr Kind auch immer wieder etwas Wissenswertes über Pferde, das Sie erst erstaunt, dann fasziniert: Pferde in der Geschichte, Pferde in der Kunst, Pferde in der Natur, Pferde in Filmen. Ihre erste Reaktion wird Freude über die Freude Ihres Kindes und über die Intensität und Vielseitigkeit seines Interesses sein. Vielleicht nehmen Sie sich auch einmal die Zeit, mit ihm zusammen einen Pferdefilm oder eine Pferdesendung im Fernsehen anzusehen, und Sie sind erstaunt und beeindruckt von der Sachlichkeit und Klugheit seiner gelegentlichen Kommentare.

Je größer das Interesse Ihres Kindes an Pferden wird und je mehr es über Pferde und Reiten lernt, umso häufiger und kritischer werden auch seine Kommentare bei jeder Sendung über Pferde, bis Sie solche Sendungen schließlich lieber allein ansehen, um nicht ständig »Schschscht!« machen und ein verächtliches Schnüffeln und die Bemerkung »Das ist soo blöd!« in Kauf nehmen zu müssen.

Sobald Sie aber erst einmal begonnen haben, aus eigenem Interesse Pferdesendungen anzusehen, ist die Grundlage für die Kommunikation mit Ihrem Kind gegeben. Ob Ihnen der Gedanke nun gefällt oder nicht, Sie sind auf dem besten Wege, »pferdige« Eltern zu werden. Auch wenn Sie immer betont haben, dass Sie sich nicht für Pferde interessieren, Angst vor ihnen haben oder überhaupt große, unberechenbare Tiere mit harten Füßen, die ausschlagen können, gar nicht mögen, sehen Sie sich plötzlich unter dem zähen Betteln um Reitunterricht, um ein Pferd und um alles, was damit zu tun hat, weich werden.

Es gibt Phasen im Leben Ihres Kindes, in denen Pferde das Einzige zu sein scheinen, das Sie noch verbindet. Zusammen reiten und über Pferde sprechen kann Ihre Kommunikation am Leben erhalten und trotz aller sonstigen Differenzen ein gutes Verhältnis zwischen Ihnen bewahren.

Später ertappen Sie sich dabei, dass Sie ganz selbstverständlich zu Turnieren und Shows fahren und anderen Eltern zeigen, wie man mit einem Pferdeanhänger zurückstößt. Irgendwann fällt Ihnen auf, dass Sie ganz routinemäßig den Sattelgurt kontrollieren und über die Stiefel Ihres Kindes wischen, bevor es »dran ist«. Und dann, in einem schwachen Moment, lassen Sie sich möglicherweise von Ihrem Kind überreden, mit ihm zusammen reiten zu gehen. Und dann wird es Ernst. Seien Sie gewarnt: Viele pferdebesessene erwachsene Reiter haben als uninteressierte Eltern eines pferdebesessenen Kindes angefangen! Aber das ist eine andere Geschichte – und ein anderes Buch.

Anhang

Geschenke für Kinder, die reiten

Wenn Kinder »auf das Pferd gekommen sind«, hat das einen zusätzlichen Vorteil: Von diesem Zeitpunkt an müssen weder Sie noch Ihre Verwandten sich jemals wieder den Kopf zerbrechen, was Sie Ihrem Kind schenken könnten, sollten, müssten. Wenn es mit Pferden zu tun hat, gibt es eine endlose Liste an Dingen, die es gut gebrauchen kann.

Verschiedene Arten von Geschenken

Kleidung: Reitkappe oder Helm, Reithosen, Stiefel, Strümpfe, Reithemden, Handschuhe, Westen, Jacken, Krawatte und Nadel. Für größere Mädchen sind auch Sport-BHs eine gute Idee.

Sattel- und Zaumzeug: Sattel, Kopfzaum, Zügel, Gebiss, Steigbügel mit Riemen, Satteldecken – noch ein Gebiss (vielleicht ein Pelham, oder was immer der Reitlehrer empfiehlt). Weitere nützliche Dinge sind ein Putzkasten, ein Spind für die gesamte Ausrüstung, ein Lederhalfter mit Namensplakette, ein Namensschild für die Boxentür, Abschwitz- und Winterdecken, Fliegenschutz, Gamaschen, Transportgamaschen.

PFERDEVERSTAND

Was Reiter immer gebrauchen können

Hufauskratzer
Mückenspray
Mähnenspray
Handschuhe
Socken
Sattelseife
Spezialwaschmittel für Reithosen
und Satteldecken
Führstricke
Leckerli
Pferdebücher

***Kleinere Geschenke*:** Auch kleine Dinge sind wichtig und nützen sich ab, und so können Sie immer wieder Bürsten, Striegel, Hufauskratzer, Hufpflegemittel, Mähnenspray, Mückenspray, einen Mähnenkamm, Schwämme, Tücher, Lederseife usw. verschenken.

***Lernhilfen*:** Bücher, Videofilme, Abonnements für Pferdezeitschriften, Kurse (besprechen Sie sich mit dem Reitlehrer, damit Sie auch einen geeigneten Kursus auswählen).

Sollten Sie oder Ihre Verwandten zu wenig Bescheid wissen, dann schenken Sie einfach einen Geschenkgutschein. Gehen Sie mit Ihrem Kind Kataloge für Reitsportbedarf durch und lassen Sie es selbst auswählen, was es sich am dringendsten wünscht oder braucht. Auf diese Weise haben Sie die Gefahr unnützer Geschenke ein für alle Mal gebannt.

Anlaufstellen für Eltern

Wie kann ich mehr über Pferde lernen?

Sie müssen nicht selbst reiten lernen, um Ihre Kinder bei ihrem Hobby zu unterstützen. Unterricht in Pferdepflege ist schon etwas anderes. Fragen Sie den Reitlehrer Ihres Kindes, den Tierarzt, den Hufschmied, ob sie Ihnen Kurse empfehlen können, in denen Grundwissen über Pferdehaltung und -pflege gelehrt wird.

Manche Pferdekliniken bieten auch Vorträge über spezielle Themen der Pflege und Gesundheitsvorsorge an. Lesen Sie in der Pferdezeitschrift Ihres Kindes im Veranstaltungskalender nach, auch dort werden derartige Kurse immer wieder angeboten.

Wenn alle Stricke reißen, lassen Sie sich vom Reitlehrer Ihres Kindes ein gutes Buch über diese Themen empfehlen.

Gute Bücher für Ihr Grundlagenwissen

In Buchläden und Büchereien finden Sie unzählige Bücher über Pferde, Pferdehaltung und Reiten – nicht alle sind wirklich tauglich. Hier eine kleine Auswahl empfehlenswerter Titel.

Verrückt nach Pferden. Die Freundschaft zwischen Ross und Reiter. Lüftet das Geheimnis der engen, jahrtausendelangen Freundschaft zwischen Mensch und Pferd (Lawrence Scanlan, Co-Autor von Monty Roberts Welterfolg »Der mit den Pferden spricht«, Goldmann Verlag).

Richtiger Umgang mit Pferden. Handbuch für den Freizeitreiter (Ursula Bruns, Verlag Müller Rüschlikon).

Das Pferdebuch für junge Reiter. Informiert über Pferderassen, Stallhaltung, Pferdepflege, Ausrüstung, Umgang im Stall und auf der Weide, Reitlehre, Springen, Geländereiten, die Entscheidung für ein eigenes Pferd, erste Abzeichen und Turnierstarts inkl. des gesamten Unterrichts- und Prüfungsstoffes für die Abzeichen: Kleines Hufeisen, Großes Hufeisen und Reiterpass (Isabell von Neumann-Cosel, FN-Verlag).

FN Hufeisen Sachbücher. Informieren Kinder ab Lesealter, aber auch fortgeschrittene Leser über alle Themen rund ums Pferd (FN-Verlag).

ABC des Pferdekaufs. Beantwortet eine Fülle von Fragen rund um den Pferdekauf von »Welches Pferd passt zu mir?« bis zu »Was kostet der Spaß?« (Lore Knoll, Kosmos Verlag).

Der richtige Stall für mein Pferd. (Dr. Antje Rahn, Eberhard Fellmer, Cadmos Verlag).

Einschlägige Pferdezeitschriften

CAVALLO – Das Magazin für aktives Reiten
Scholten Verlag GmbH, Olgastr. 86, D-70180 Stuttgart,
Tel: 0711/2 10 80-78, E-Mail: redaktion@cavallo.de ,
Internet: www.cavallo.de

FREIZEIT IM SATTEL, fs Verlag GmbH
Droste-Hülshoff-Str. 3, 53129 Bonn . Tel: (0228) 530120,
Internet: http://www.freizeit-im-sattel.de

E-Mail: reiten@ freizeit-im-sattel.de

PFERD UND REITER (Urlaub zu Pferde)

Reiter-Revue international

Fachillustrierte für Pferdesport und Pferdezucht

Zeitschriftenverlag EBDV

Zülpicher Straße 10, 40196 Düsseldorf

Internet: http://www.reiter-revue.de

Pferdemarkt

große monatliche Fotoanzeigen-Zeitschrift für den privaten und gewerblichen Pferdeverkauf.

Vereinigungen

Deutsche Reiterliche Vereinigung e. V. (FN)

Freiherr-von-Langen-Str. 13, 48231 Warendorf

Tel: (02581) 6362-0, Internet: http://www.pferd-aktuell.de

angegliedert:

Deutsches Kuratorium für therapeutisches Reiten

Freiherr-von-Langen-Str. 13, 48231 Warendorf

IPZV Islandpferde-Reiter- und Züchterverband e. V.

Lohrbergstr. 15 a, 53604 Bad Honnef

VDD Verein Deutscher Distanzreiter und -fahrer e. V.

Baumschule 4–6, 49577 Ankum

VFD Verein der Freizeitreiter in Deutschland e.V.

Masholderweg 1, 53894 Mechernich-Lorbach

Glossar

Begriffe aus dem Bereich des Pferdesports

Absetzer: Fohlen, das von seiner Mutter getrennt (abgesetzt) wurde, damit es diese enge Bindung verliert und ein »eigenes« Pferd wird. Fohlen werden mit ca. 5 Monaten abgesetzt.

Abwurf: Wenn bei einer Springprüfung das Pferd oder der Reiter durch Anstoßen ein Element eines Hindernisses, das die Höhe dieses Hindernisses bestimmt, absenkt oder herunterstößt, wird das als Abwurf und Fehler gerechnet.

Abzeichen: Weiße Färbung am Kopf oder an den Beinen des Pferdes, die sich von seiner sonstigen Farbe mit einer scharfen Linie abgrenzen.

Amateur: Volljähriger, der für das Reiten und sonstige Arbeit mit Pferden nicht bezahlt wird.

Ankaufsuntersuchung: Gründliche Untersuchung durch den Tierarzt vor dem endgültigen Kauf, um sich zu vergewissern, dass das Tier gesund ist und keine Mängel hat.

Blesse: Weißer Streifen im Fell, der von der Stirn des Pferdes bis zu den Nüstern reicht. Siehe *Abzeichen*.

Coggins-Test: Bluttest zur Diagnose von infektiöser Anämie bei Pferden.

Distanzritt: Sportliches Reiten im Gelände, bei dem es auf Geschwindigkeit und Ausdauer über längere Strecken ankommt.

Dressur: Systematische Reitübungen zum Erziehen, Gymnastizieren und Aufbauen der wichtigen Muskeln des Pferdes, damit es gehorsam, kräftig, geschmeidig und ausbalanciert wird und den Reiter tragen kann, ohne auf Dauer Schaden zu nehmen.

Englisch traben: Der Reiter hebt bei jedem zweiten Trabsprung sein Gewicht aus dem Sattel. Beim »rechts Traben« entlastet man im allgemeinen das rechte Vorderbein und das linke Hinterbein, während es vorschwingt, beim »links Traben« umgekehrt.

Erlaubte Zeit: Die Zeit, in der bei einer Springprüfung der gesamte Springparcours bewältigt werden muss. Bei Überschreitung der erlaubten Zeit werden Fehlerpunkte berechnet.

Farbe: Es gibt unzählige Varianten der Fellfarbe bei Pferden. Die Grundunterscheidung lautet: Schimmel (mehr oder weniger weiß), Rappe (mehr oder weniger schwarz), Brauner (braunes Fell, schwarzes Mähnen- und Schweifhaar), Fuchs (einheitlich braunes Fell und Mähnen- und Schweifhaar), Grauer, Falbe (gelbliches Fell, schwarzes Mähnen- und Schweifhaar, Aalstrich auf dem Rücken).

FN: Deutsche Reiterliche Vereinigung. Setzt Richtlinien für den Turniersport und für den Reitsport im Allgemeinen.

Fohlen: Junges Pferd bis ca. 2–3 Jahre.

Freiwillige Aufgabe: Entscheidung des Reiters, seinen Ritt im Springparcours vor dem Ende abzubrechen, wird normalerweise durch Antippen oder Lüften der Reitkappe zu den Richtern hin angezeigt. Manche Reiter entscheiden sich dazu, weil sie Schwierigkeiten mit ihrem Pferd haben, oder um ein junges Pferd nicht unnötig anzustrengen, wenn es bereits mehrere Fehler gemacht hat.

Gallen: Verdickungen an den Beinen, verursacht durch Austreten von Flüssigkeit ins Gewebe um die Sehnen, hervorgerufen z. B. durch zu starke Belastung.

Galopp: Dreitaktbewegung des Pferdes mit Schwebephase zwischen jedem Galoppsprung, gehört zu den Grundgangarten.

Gangarten: Die Grundgangarten, in denen sich das Pferd vorwärts bewegt, sind Schritt, Trab und Galopp. Dazu kommen noch Spezialgangarten bestimmter Pferderassen, die man deswegen auch »Gangpferde« nennt: die Bekanntesten sind Tölt, Renntrab und Passgang.

Gebäude: Körperbau des Pferdes; man unterscheidet hier verschiedene Typen.

Hengst: Männliches Pferd, Pony oder Esel.

Hilfen: Zeichen, mit denen man das Pferd lenkt. Die natürlichen Hilfen sind Schenkel, Sitz, Stimme und Hände des Reiters; künstliche Hilfen sind Gerte und Sporen.

Hoch-weit-Sprung: Ein Hindernis im Springsport, das eine gewisse Höhe und eine gewisse Weite hat. Auch Oxer genannt.

Hufschmied: Beschlägt Pferdehufe mit Hufeisen. Da Pferdehufe ständig nachwachsen, schneidet der Hufschmied sie regelmäßig in die richtige Form und beschlägt sie, wenn sie diesen Schutz brauchen, mit Hufeisen.

Hufschuhe: An- und abschnallbare »Schuhe«, die den Pferdehuf schützen.

Impfungen: Pferde sollten in regelmäßigen Abständen – je nachdem jedes Jahr oder alle zwei Jahre – gegen bestimmte Erkrankungen geimpft werden (Tollwut, Tetanus, Pferdehusten, -influenza). In guten Einstellerställen ist dies Pflicht.

Jährling: Junges Pferd zwischen einem und zwei Jahren.

Kolik: Schmerzhafte Störung in den Verdauungswegen, kann verschiedene Ursachen haben. Todesursache Nr. 1 bei Pferden.

Kombination: Zwei oder drei Hindernisse direkt hintereinander, zwischen denen das Pferd nur einen oder zwei Galoppsprünge macht.

Kopfscheu: Nennt man ein Pferd, das mit dem Kopf vor der Hand des Menschen zurückscheut.

Leckstein: Ein wichtiger Bestandteil der Mineralienversorgung des Pferdes. Man hängt Lecksteine aus Salz, eventuell versetzt mit zusätzlichen Mineralien, in der Box auf.

Military: Auch Vielseitigkeitsreiten genannt, basierend auf den Prüfungen für Militärpferde. Dabei werden Pferd und Reiter drei Prüfungen unterzogen: Dressur, Geländespringen und Springen im Parcours.

Oxer: Hindernis in einem Springparcours, bei dem zwei oder drei Stangen hintereinander in gleicher oder in ansteigender Höhe angebracht sind, über die das Pferd in einem entsprechend langen Sprung hinwegsetzen muss.

Panikhaken: Spezialhaken, mit dem z. B. der Führstrick am Halfter eingehängt wird und der durch leichtes Verschieben eines Sperrteils von Hand geöffnet werden kann, wenn das angebundene Pferd in Panik gerät und sich so »in die Seile hängt«, dass ein Knoten unter dieser Spannung nicht gelöst werden kann.

Parcours: Bei jeder Springprüfung müssen die Teilnehmer die Hindernisse in einer festgelegten Reihenfolge überspringen.

Pony: Kleine Pferderassen. Offiziell gilt als Obergrenze 1,48 m Stockmaß.

Putzen: Reinigen von Fell, Mähne, Schweif und Hufen. Regelmäßiges Putzen ist notwendig, denn es verhindert, dass das Pferd durch Dreck zwischen Sattel und seiner Haut wund geritten wird, es regt den Kreislauf an, verhindert Ekzembildung und sorgt für zusätzlichen Kontakt zwischen Reiter und Pferd.

Sattel- und Zaumzeug: Die Reitausrüstung des Pferdes.

Saugfohlen: Fohlen, das noch von seiner Mutter gesäugt wird.

Schritt: Die langsamste Vorwärtsbewegung des Pferdes, eine Vierertaktbewegung, bei der das Pferd alle Beine nacheinander vorschwingt und aufsetzt.

Schulpferd: Ein ausgebildetes Pferd, das im Reitunterricht eingesetzt wird und durch seine Reaktion anzeigen soll, wenn der Reitschüler einen Fehler macht.

Sitz: Die Art, wie der Reiter auf dem Pferd sitzt. Ein guter Sitz bedeutet, dass der Reiter sicher und ausbalanciert in ständigem engem Kontakt zum Pferd sitzt und dabei seine Hände und Beine frei und unabhängig bewegen kann, um dem Pferd bestimmte Zeichen (siehe Hilfen) zu geben.

Steilsprung: Ein Hindernis im Springparcours ohne Weite. Das Pferd muss steil nach oben springen, um die Höhe zu überwinden.

Stockmaß: Die Größe eines Pferdes wird in Stockmaß oder Bandmaß angegeben, wobei mit einer geraden Messlatte bzw. mit einem Maßband die Höhe des Widerrists gemessen wird. Üblicherweise gibt man die Größe in Stockmaß an, da es im Unterschied zum Bandmaß unabhängig von Muskelwölbungen eine korrekte Größenangabe liefert.

Stute: Weibliches Pferd, Pony oder Esel.

Trab: Eine Zweiertaktbewegung, bei der das Pferd abwechselnd das linke Vorderbein zusammen mit dem rechten Hinterbein und dann das rechte Vorderbein zusammen mit dem linken Hinterbein vorschwingt und aufsetzt.

Trense: Ein Gebiss mit einem Gelenk in der Mitte, das mit direktem Druck getrennt auf die linke oder die rechte Kieferlade wirken kann. Es gibt verschiedene Arten von Trensen, die je nachdem weicher oder schärfer wirken.

Verweigerung: Begriff aus dem Springsport. Ein Pferd, das unmittelbar vor dem Sprung abstoppt, verweigert; dies wird als Fehler gerechnet.

Wallach: Kastrierter Hengst.

Weiden: Pferde sind Weidetiere, für deren Verdauungssystem es am gesündesten ist, wenn sie viel Gelegenheit haben, sich auf einer Wiese oder Koppel frei zu bewegen und zu grasen. Sie sind dadurch auch weniger kolikgefährdet als Pferde, die im Stall stehen und nur zweimal pro Tag Raufutter bekommen.

Widerrist: Die knochige Erhebung direkt vor dem Sattel, zwischen der Halswirbelsäule und der Rückenwirbelsäule des Pferdes. Hier wird seine Größe gemessen.

Wurmkur: Um den Darm des Pferdes vor stärkerem Wurmbefall zu schützen, muss in regelmäßigen Abständen ein Entwurmungsmittel verabreicht werden. In den meisten Einstellerställen ist ein allgemeines Entwurmen alle drei Monate üblich.

Zügel: Der Riemen, der vom Gebiss des Pferdes zur Reiterhand läuft. Er kann aus geflochtenem Gewebe oder aus Leder sein, und seine Qualität ist eine Frage der Sicherheit.

Danksagung

An Charlotte Kneeland, die das amerikanische Reitlehrerausbildungsprogramm ARICP ins Leben rief. Und an meine Freunde und Kollegen beim ARICP, die ihren Schülern in den ARICP-Kursen voller Elan all ihr Fachwissen und ihr Berufsethos mitgaben.

Bob Allen, Denny Emerson, Susan Harris, George Morris und Sally Swift – Ihr seid mir eine ständige Quelle der Inspiration. Ich bin stolz darauf, dass wir Kollegen sind, und ich bin glücklich, dass Ihr meine Freunde seid.

Register

KINDER UND ELTERN

16144

16159

16136

Mosaik bei GOLDMANN